人気のクレマチス

Clematis

はじめに

ガーデニングの本場、
イギリスで「つる性植物の女王」といわれるほど親しまれているクレマチス。
アーチやフェンスなどに誘引し、空間を立体的に彩ることができる人気の植物です。
栽培がむずかしいと思われがちですが、ちょっとしたコツさえつかめば、
だれでも容易に楽しむことができるのです。
クレマチスの人気品種を花形別に紹介するとともに、
栽培のポイントをわかりやすく解説します。

人気のクレマチス

Contents

クレマチスのある楽しみ

花形別 人気のクレマチスカタログ

カタログ凡例

＊品種名は主に流通名を記載しました。学名など、一部表記を簡略化しています。

＊分類や呼称などは英国王立園芸協会発行のクレマチスリストを参照しています。

＊データは関東標準です。なお、開花期や花径などは、栽培環境や条件により異なる場合があります。色やにおいの感じ方は、個人により差がある場合もあります。

気品ある大輪系

かわいい中・小輪系

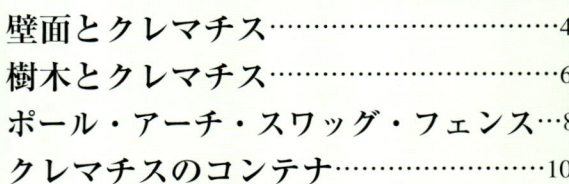

清楚なベル形

チューリップ咲き/パラシュート咲き

上向き・マーガレット咲き

クレマチスをじょうずに育てるには

クレマチスのある楽しみ

壁面とクレマチス

多くのクレマチスはつる性で、空間を立体的に彩ることができます。地面が少ない庭でも、壁面を利用することで、より魅力的な演出が可能です。壁面をうまく使うコツとしては、クレマチスは直接壁によじ登ることができないので、ワイヤーやロープを張るか、ピンや金具を利用してネットを固定すると、美しく仕立てることができます。

壁面のコーナー部分を利用して、‘ジャックマニー’を誘引。明るい壁面に青紫色の花が映える。雨どいに絡ませる手法として、十分楽しめる。支柱から少し離して植えるのがポイント。

‘モンタナ・スプーネリー’が魅力的な窓辺。白枠に白い花がマッチして、優雅な雰囲気。つるはワイヤーなどで誘引する。

明るい壁面にピンを打ってワイヤーを張り、カラーコーディネートした数種類のクレマチスを誘引。‘エミリア・プラター’のライラックブルーに‘マーモリ’のラベンダーブルーが重なり、‘ミケリテ’の濃赤紫色が引き締める。

壁面がないところでも、支柱を立ててネットを張れば、壁面仕立てができる。‘コンテス・ド・ブウショー’をたっぷりと絡ませて。

赤いれんがの壁面に、ワイヤーを張って。濃い紫の‘エトワール・バイオレット’が、伸び伸びと空間を演出する。れんがの色とのコントラストが美しい、あこがれの風景。

クレマチスのある楽しみ

樹木とクレマチス

樹木や垣根にクレマチスを誘引すると、木の葉の色や樹幹とのコンビネーションで、今まで見たことがなかった表情が生まれます。絡ませる樹木は、丈夫で手入れのしやすいものにしましょう。合わせるクレマチスは、樹木の剪定にも合わせられる、新枝咲きか新旧両枝咲きの品種が向いています。ポイントは、樹木の根元から、少し離したところに植えることです。

シルバーブルーの葉が美しいグロボサに木立ち性の‘ユーリ’をたっぷりと絡ませた植栽。淡いブルーの花との色合いが素晴らしい。

鮮やかな紫色の‘ペリンズ・プライド’が濃い緑の葉に映えて美しい。ユリや周囲の草花に合わせて、ボーダーガーデンのポイントにも。

Clematis Landscape

黄金の斑入りがきれいなキンマサキに、濃い群青色の‘ファシネーション’を絡ませている。色彩の対比がお互いの色めを引き立て合っている。

コニファーのブルーアイスの青みがかった葉と、‘カスム’の中心部にある赤い筋が好対照。樹木に絡ませたときのつぼみの表情もかわいらしい。

支柱とロープを張った手前側に、葉のかさばらない小灌木を配置し、‘プリンス・チャールズ’と組み合わせている。緑色の葉とパステルブルーの花、ボーダーの花とも調和がとれている。

‘ピンク・ファンタジー’と‘ハーグレー・ハイブリッド’の2品種を、円陣を組むように植えつけて誘引。各株間は40cmほど離し、木の根元からも40cmは離す。初期の誘引は支柱などでサポートを。

クレマチスのある楽しみ

ポール・アーチ・スワッグ・フェンス

クレマチスはさまざまな形態の構造物を、支柱として利用することができます。欧米では古くからポールやアーチ、ウィグアム、パーゴラなど、周囲との一体感を考慮した仕立て方を楽しんできました。また、つるバラとともに、ロマンチックなガゼボに絡ませるなど、他の植物との組み合わせをとり入れるのも、庭作りの大きな魅力となっています。

アーチの足元を彩る‘ネリー・モーザ’。ポピュラーな品種だが、こうして庭のポイントに使うと、行灯仕立てでは味わえない表情が光る。

白万重がたっぷりと誘引された自然風のフェンス。少し離れたバックにある白い壁が、緑がかったオフホワイトの花をより魅力的に見せている。

高低差をつけたロープを張り、‘パープレア・プレナ・エレガンス’を絡ませた優雅なスワッグ。支柱にバラを組み合わせると、さらに魅力がふくらむ。

Clematis Landscape

木製のアーチのコーナーに誘引した‘エトワール・バイオレット’。周囲とも調和し、ガーデンの華となっている。

コーナー花壇に植栽されたポール仕立て。‘テキセンシス・スカーレット’のかわいらしいベル形が、白いポールに映えている。足元の草花はナスタチュームなど、あまり根張りがないものを選択。

自然風の木で組んで作ったウィグアムに‘エリオステモン’を仕立てたもの。バックに見えるバラとのコンビネーションも美しい。

アーマンディーがたっぷりと咲き誇るアーチは、とてもロマンチック。香りもよく、常緑性の照り葉は、白い小花をいっそう引き立てている。

クレマチスのある楽しみ

クレマチスのコンテナ

コンテナでの寄せ植えやハンギングバスケットなど、身近に楽しむにもよい花です。クレマチスは根を切られるのを嫌う植物ですが、あまり神経質になることはありません。コンテナの材料やとり合わせる植物を工夫して、魅力的な寄せ植えを作りましょう。カラーリーフと組み合わせると、花のない時期にも楽しめます。ポイントは、詰め込みすぎないように注意することです。生育することを考慮し、間隔をとって植えつけます。

‘ピクシー’はつり鉢やハンギングバスケットにも適した品種。

‘篭口’をつるで編んだウィグアムに絡めて、シックな雰囲気に。

白万重にペチュニア、ロベリアなどを合わせて。

‘プリンセス・ダイアナ’を扇形のトレリスに。足元にはベアグラス、ラミウム、ロベリアなどを。

ミニバラと‘ミケリテ’を。足元はアサギリソウなどでさわやかに。

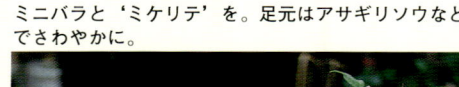

花形別

人気の
クレマチスカタログ

A Pictorial Guide to Clematis

クレマチスには、
これが同じ植物かと不思議に思うほど、たくさんの変化に富んだ花形があります。
本書ではおすすめの品種を5つの花形別のグループに分けて、
わかりやすく解説します。
品種ごとの咲き方や、育てるためのコツもあわせて記載しました。
クレマチスの魅力を存分にお楽しみください。

＊系統と分類上の区分が一致しないこともあります。

気品ある大輪系

（一重・八重）

平開咲きで春から秋まで咲く品種が多く、
いちばんなじみの深い花形です。
一重咲きでも剣弁や丸弁、フリルが入るものなど、変化に富んでいます。
八重咲き、半八重咲きは、特に豪華な印象で人気があります。

柿生（かきお）

C.　'Kakio'

系統：早咲き大輪系
開花期：4〜10月
旧枝咲き
花径：12〜16cm

赤紫色の花で早咲きの品種。咲き始めは鮮紅色で、開花に従って中央に白いぼかしが入る。遠くからでもよく目立ち、'麻生' とは兄弟実生。海外では 'ピンク・シャンペーン' という名前で流通していることもある。

フラウ・ミキコ

C. ‘*Frau Mikiko*’

系統：早咲き大輪系
開花期：4〜10月
新旧両枝咲き
花径：15〜18cm

濃青紫色の花弁に黄色い花芯で、大輪の秀花。花糸には紫色が入る。次々と開花し、退色が少ないことも特徴。咲き始めが特に美しく、見ていて飽きないほど。華やかな印象で、インパクトのある品種の一つ。

H.F.ヤング

C. ‘*H.F.Young*’

系統：早咲き大輪系
開花期：5〜10月
新旧両枝咲き
花径：12〜15cm

薄青色の剣弁花で、咲き進むと中央部が白っぽくなってくる。花つきがよく、丈夫な品種で育てやすく、クレマチス入門の品種としては特におすすめ。花後に剪定をすると、２回、３回と花を見ることができる。

コンテス・ド・ブウショー

C. ‘*Comtesse de Bouchaud*’

系統：遅咲き大輪系
開花期：5〜10月
新旧両枝咲き
花径：8〜12cm

藤桃色の花弁で、花芯はクリーム色を帯びた黄色。丸弁の花は、咲き進むにつれて弁縁がそり返る。中輪多花性で、剪定を早めに行うと何度も花を楽しめる。とてもチャーミングな花で、庭植えに向く。

ドクター・ルッペル

C. '*Dr. Ruppel*'

系統：早咲き大輪系
開花期：４～10月
新旧両枝咲き
花径：14～15cm

淡いピンク地の中央に濃いピンク色の筋が入る。大輪の花は弁縁が小さく波を打ち、遠くからでも人目を引く、美しい品種。丈夫で育てやすく、次々と花が咲くので、クレマチス入門に適した品種の一つ。

土岐（とき）

C. '*Toki*'

系統：早咲き大輪系
開花期：5～10月
新旧両枝咲き
花径：8～12cm

咲き始めは緑がかったオフホワイトの花が、しだいに純白へと変化する。花弁が厚く、花もちもよい。多花性で、草姿がコンパクトにまとまるので、株が花でおおわれることもある。白花でおすすめしたい品種。

星のフラメンコ

C. *'Hoshi no Flamenco'*

系統：早咲き大輪系
開花期：4〜5月
旧枝咲き
花径：15〜16cm

今までのクレマチスにない、光沢のある深紅の花。遠くからも人目を引く黄色い花芯がポイント。比較的退色しやすい赤花系の中では、色あせが少ない品種。多花性で、ガーデンのポイントとして育ててみたい。

リトル・マーメイド

C. *'Little Mermaid'*

系統：早咲き大輪系
開花期：5〜10月
新旧両枝咲き
花径：10〜12cm

サーモンピンクを帯びた珍しい色彩の花。黄色い花芯を持ち、花弁の基部にブルーが入るという珍しい品種。半八重咲きになることもあり、独特の雰囲気をかもし出すユニークな花で、存在感がある。

ニオベ（ナイオビ）

C. *'Niobe'*

系統：早咲き大輪系
開花期：5〜10月
新旧両枝咲き
花径：10〜14cm

黒バラを思わせる深紅色の開花初期は大変美しく、咲き進むにつれて紅色へと変化を見せ、花弁がそり返る。黄色の花芯とのコントラストが際立つ。丈夫で育てやすく、多花性。赤花系の代表的な品種。

ハーグレー・ハイブリッド

C.　'Hagley Hybrid'

系統：遅咲き大輪系
開花期：5〜10月
新旧両枝咲き
花径：8〜12cm

桜貝色（シェルピンク）の花弁と茶褐色の花芯とのコントラストが愛らしい。受け咲きの剣弁花は、咲き進むにつれて光沢のあるグレーがかった表情になる。中輪多花性で、古くから栽培される人気品種。

ザ・プレジデント

C.　'The President'

系統：早咲き大輪系
開花期：5〜10月
新旧両枝咲き
花径：10〜15cm

クレマチスといえばこの花というほど、古くから親しまれている丈夫で育てやすい品種。紫色の剣弁と赤褐色の花芯と、申し分のない整った花形は、名前の通りに風格がある。一度は育ててみたい品種である。

セム

C.　'Semu'

系統：遅咲き大輪系
開花期：5〜10月
新旧両枝咲き
花径：8〜12cm

青みがかった紫色の花は、茶褐色の花芯がポイント。丸みのある幅広の剣弁で、横向きに咲く。丈夫な中輪多花性の品種は、ガーデン向け。日本でも注目されており、今後は利用が増えてくると思われる。

ロコ・コーラ

C.　'Roco Kolla'

系統：遅咲き大輪系
開花期：5〜10月
新旧両枝咲き
花径：16〜18cm

白色の大輪花。花芯は黄色で、花弁の先端がとがる。コンパクトにまとまるので、トレリスやフェンス仕立てなどに向く。エストニアから紹介されたクレマチスの一つ。

江戸紫（えどむらさき）

C. 'Edomurasaki'

系統：早咲き大輪系
開花期：5〜10月
新旧両枝咲き
花径：10〜12cm

ビロードのような輝きを持つ古代紫色の花は、特に咲き始めが秀逸。花芯は赤紫色で、重なりのよい丸弁も特徴である。弁質は厚く、花もちもよい。古くから栽培されており、海外でも人気の高い品種である。

ジョン・ウォーレン

C. 'John Warren'

系統：早咲き大輪系
開花期：4〜10月
新旧両枝咲き
花径：15〜20cm

淡紅色の地に濃紅色の中筋が入る剣弁花。花芯の焦げ茶色とのコントラストがバランスのとれた美しさ。咲き進むと先端部が垂れ、花弁の縁が波を打つ。大輪で独特の色彩や花容は、遠くからでも人目を引く。

マーモリ

C. 'Marmori'

系統：遅咲き大輪系
開花期：5〜10月
新旧両枝咲き
花径：8〜12cm

淡桃色の花弁は、中央部がほんのり赤紫色になる。少し開花が遅いが、ロマンチックな雰囲気をかもし出す、中輪多花性の品種。生育はとてもよく、グングンと伸び、アーチやフェンスなどでも楽しめる。

ジェニー

C. 'Jenny'

系統：遅咲き大輪系
開花期：5〜10月
新枝咲き
花径：6〜8cm

青みを帯びた藤色の細弁で、美しいパステルカラー。花芯は黄色で、次々と花が咲き、多花性。生育もよく、表情が優雅な雰囲気。バラや草花との組み合わせにも似合い、優しい色合いで人気が高い。

ジリアン・ブレイズ

C. 'Gillian Blades'

系統：早咲き大輪系
開花期：4〜10月
旧枝咲き
花径：12〜15cm

白地の波状弁の縁に淡青色が入り、開花初期は覆輪のように見える。咲き進むと全体に白っぽくなってくる。つるは細立ちではあるが多花性で、充実した成株では、株が花でおおわれるほどよく咲くこともある。

ルイズ・ロー

C.　'Louise Rowe'

系統：早咲き大輪系
開花期：5〜10月
新旧両枝咲き
花径：12〜15cm

ピンクがかったラベンダー色の花は、丸弁で花芯は黄色。1株でも枝によって一重、半八重、八重と咲き分けをする品種。フワフワとした花の姿とやわらかいパステル調の色彩は、特に女性に人気がある。

ビビアン・ペンネル

C. '*Vyvyan Pennell*'

系統：早咲き大輪系
開花期：5〜10月
新旧両枝咲き
花径：12〜15cm

株の状態や環境によって、青紫色から赤紫色と、色合いが微妙に異なる品種。半八重から八重咲きの花が基本だが、株が成熟していない場合や二番花などでは、一重で6弁の花が咲くことも多い。

ベル・オブ・ウオッキング

C. '*Belle of Woking*'

系統：早咲き大輪系
開花期：5〜10月
新旧両枝咲き
花径：10〜12cm

ポンポンダリアのような、重ねのよい八重咲き大輪種。淡い紫がかったピンク色の花が、咲き進むにつれて藤色へと変化していく。花芯はクリーム黄色。美しい花形と花もちのよさで人気がある品種。

ダッチェス・オブ・エジンバラ

C. '*Duchess of Edinburgh*'

系統：早咲き大輪系
開花期：5〜10月
新旧両枝咲き
花径：10〜12cm

白花八重咲き種の代表的な品種で、古くから栽培されている。ボリューム感のある大輪の花は、株の状態や天候などにより、花弁の一部が緑色になることもある。二番花、三番花も八重咲きで咲く品種。

フェアリー・ブルー

C. 'Fairy Blue'

系統：早咲き大輪系
開花期：4〜10月
新旧両枝咲き
花径：10〜12cm

'H.F.ヤング'の枝変わりによって生まれた品種。花芯部が針状に弁化したユニークな花。花弁が散っても中心部が次々と展開していくので、長期間楽しむことができる。'H.F.ヤング'同様、花つきがよい。海外では'クリスタル・フォンテン'と呼ばれている。29ページの'マジック・フォンテン'とは、兄弟枝変わり。

ジョセフィーヌ(エビジョヒル)

C. 'Josephine' ('Evijohill')

系統：早咲き大輪系
開花期：5〜10月
新旧両枝咲き
花径：10〜15cm

完全万重咲きの花は、藤桃色の花弁が中心部から次々と展開し、一つの花を１カ月くらいは楽しむことができる。二番花、三番花と花を楽しめ、今後注目されると思われる品種の一つ。

白王冠（はくおうかん）

C. 'Hakuohkan'

系統：早咲き大輪系
開花期：5〜10月
新旧両枝咲き
花径：10〜15cm

濃紫色の剣弁で、黄色い花芯とのコントラストが美しい品種。パッと広がった花芯は、名前の通り「王冠」のようである。株の充実度によって半八重、八重で咲くこともある。海外でも人気がある。

弥一（やいち）

C. 'Yaichi'

系統：早咲き大輪系
開花期：5〜10月
新旧両枝咲き
花径：12〜15cm

鮮紫色のゆったりとした丸弁花は、赤褐色でキリッと締まった花芯との組み合わせが特徴。多花性で枝が太く、まっすぐに伸び出すため、早めに誘引を行い、全体に花が咲くようにして楽しみたい。

ビル・ド・リヨン

C. 'Ville de Lyon'

系統：遅咲き大輪系
開花期：5〜10月
新旧両枝咲き
花径：8〜12cm

あずき色の丸弁に、花芯の黄色が映えて美しい花。中心にパールがかった白い光沢があり、ポッと浮き出ている感じがする。国内には大正時代に導入されている古い品種だが、独特の花色は今でも人気がある。

カザグルマ

C. patens Morr. et. Decne.

系統：その他（原種）
開花期：4〜5月
旧枝咲き
花径：5〜20cm

日本（秋田県〜九州）、中国東北部から朝鮮半島にかけて分布。花色、花の大きさ、花形など、各地域によって個体変異に幅がある。典型的な花形が、子どもが遊ぶ玩具の「風車」を思わせることから、この名前がついた。宅地化や乱獲が原因で、自生地や個体数が激減。環境省によるレッドデータブックでも、絶滅のおそれのある植物に指定されている。大輪園芸種の交配親としてヨーロッパに渡り、品種改良の歴史を華やかに変えた原種。

［カザグルマ物語］

日本が世界に誇れる、大輪系交配種の親です。
自生地の花を見ていると、
園芸品種かと思うほど美しいものもあります。

雪おこし

C. *'Yukiokoshi'*

系統：その他（原種）
開花期：5〜6月
旧枝咲き
花径：8〜12cm

カザグルマの八重咲きタイプ。八重咲き交配種の改良の親になったであろうといわれている。重ねのよい中輪の花は、咲き始めの色がオフホワイトで、開花が進むに従って純白へと変わる。

るりおこし

C. *'Ruriokoshi'*

系統：その他（原種）
開花期：5〜6月
旧枝咲き
花径：8〜12cm

'雪おこし' のブルータイプの花で、カザグルマの青花八重咲き種を 'るりおこし' と呼んでいる。もともとカザグルマは、変異の多い自生種であるため、国内には数タイプの青花八重咲き種がある。

藤娘（ふじむすめ）

C. *'Fujimusume'*

系統：早咲き大輪系
開花期：5〜10月
新旧両枝咲き
花径：12〜15cm

花色は青藤色で、クレマチスの中では最も空色に近い。古くは剣弁の花であったが、近年は丸みを帯びた花弁になってきているようである。コンパクトにまとまる多花性の品種で、弁質が厚く、花もちもよい。

美佐世（みさよ）

C. *'Misayo'*

系統：早咲き大輪系
開花期：5〜6月
旧枝咲き
花径：12〜15cm

淡い紫がかった白色で、縁が明るい青紫色の覆輪花。波状弁に濃い赤紫色の花芯が花色を引き立て、非常に美しい。樹勢がやや弱く、気むずかしい面もあるが、一度は咲かせてみたい品種の一つ。

面白（おもしろ）

C. *'Omoshiro'*

系統：早咲き大輪系
開花期：5〜10月
新旧両枝咲き
花径：12〜15cm

花弁の表側は淡いピンク地だが、裏側は白地に濃い桃色の筋が入る珍しい色彩の品種。表側が白がちなので「面白」の名がつけられた。咲き始めの弁縁のコントラストが美しく、花芯がえび茶色の整形花。

華炎（かえん）

C. 'Kaen'

系統：早咲き大輪系
開花期：5〜10月
新旧両枝咲き
花径：8〜15cm

グリーンがまざる赤い花は、名前のごとく、炎が燃えているような印象。他に類を見ないユニークな色彩の八重咲き品種である。全体的に八重咲き種は、特に開花時に水を欲しがるので、多めに水を与えるとよい。

キリ・テ・カナワ

C. 'Kiri Te Kanawa'

系統：早咲き大輪系
開花期：5〜10月
新旧両枝咲き
花径：8〜15cm

濃青紫色でボリューム感のある花。四季咲き性があり、コンパクトにまとまる八重咲きの品種。コンテナや大きな鉢に植え、低いラティスやフェンスなどに絡めて楽しみたい。

カウンテス・オブ・ラブレース

C.　'Countess of Lovelace'

系統：早咲き大輪系
開花期：5〜10月
新旧両枝咲き
花径：10〜12cm

明るい青紫色の花は、咲き進むに従って紫色へと変化する。菊の花をイメージする、ボリューム感のある八重咲き種。剪定と施肥により、太い枝を出させることによって、よい八重咲きの花を咲かせる。

ブルー・ライト

C.　'Blue Light'

系統：早咲き大輪系
開花期：5〜10月
新旧両枝咲き
花径：8〜12cm

雄しべが弁化し、中央から次々と花が開く万重咲き。花弁が厚く、花もちがよいのも特徴。中輪で淡青紫色。花弁の外側が散っても、中央部は残って展開し続けるというユニークな花である。

カルセドニー

C. *'Chalcedony'*

系統：早咲き大輪系
開花期：5〜10月
新旧両枝咲き
花径：10〜15cm

淡いブルーの花はやわらかく波打ち、重ねのよい八重咲き種。栽培状態によって、花色に差が出てくることがある。豪華でボリュームがあり、花もちもよい品種。

マジック・フォンテン

C. *'Magic Fountain'*

系統：早咲き大輪系
開花期：4〜10月
新旧両枝咲き
花径：10〜12cm

'H.F.ヤング'の枝変わりで生まれた、完全八重咲きの品種。赤紫色の花弁は、中央部から次々と展開してくる。一つの花は約1カ月くらい楽しめるが、剪定するタイミングを忘れないようにしたい。

ムルチ・ブルー

C. *'Multi Blue'*

系統：早咲き大輪系
開花期：5〜10月
新旧両枝咲き
花径：10〜12cm

'ザ・プレジデント'の枝変わりで、雄しべが幅広の針状に弁化した独特の花。花弁の外側が濃青紫色で、咲き進むと内側が白っぽくなる。花もちもよく、多花性。早めに剪定することで、何度も花が楽しめる。

メイヤー・イサオ

C.　'Mayor Isao'

系統：遅咲き大輪系
開花期：5～10月
新旧両枝咲き
花径：10～12cm

淡藤色の美しい花で、咲き進むにつれて淡い水色に変化する。生長しながら節々に花を咲かせる、多花性の品種。つぼみや葉の形が他のクレマチスと異なるため、姿を見ているだけで区別がつきやすい。

ピンク・ファンタジー

C.　'Pink Fantasy'

系統：遅咲き大輪系
開花期：5～10月
新旧両枝咲き
花径：8～10cm

剣弁で淡桃色地の花。咲き始めは中央部に濃桃色の筋が入り、咲き進むにつれて淡い色へと変化していく。多花性で、株をおおうほどに花が咲く。桃色系の人気品種の一つ。

ブルー・ファンタジー

C.　'Blue Fantasy'

系統：遅咲き大輪系
開花期：5～10月
新旧両枝咲き
花径：８～10cm

青紫色の花で、花芯が茶褐色の品種。多花性で次々と花が咲き続ける。幅広の剣弁花は美しく、今後期待されている品種。

ラプソディー

C. 'Rhapsody'

系統：遅咲き大輪系
開花期：5〜10月
新旧両枝咲き
花径：8〜10cm

黄色い花芯とのコントラストがとてもよい、青紫色の品種。多花性で、横向きに咲く花は、株をおおってしまうほどよく咲く。海外では人気の花の一つ。

大輪系

ビクトリア

C. 'Victoria'

系統：遅咲き大輪系
開花期：5〜10月
新旧両枝咲き
花径：7〜10cm

青藤色の花弁に赤紫色の筋が入る。花芯は黄緑色で、幅広く丸みを帯びた花弁。横向きの花は多花性で、生育がよく、株をおおい尽くすほどに花が咲く。アーチ、トレリスなどにおすすめの品種。

ペルル・ダ・ジュール（パール・ダ・ズール）

C. *'Perle d' Azur'*

系統：遅咲き大輪系
開花期：5〜10月
新枝咲き
花径：8〜12cm

青みがかった藤色の花で、花芯が黄色い品種。横向きに咲き、花弁の先端がそり返るユニークな花形をしている。多花性で、欧米では大変人気がある。ガーデンでダイナミックに楽しみたい。

ジャックマニー

C. *'Jackmanii'*

系統：遅咲き大輪系
開花期：5〜10月
新旧両枝咲き
花径：8〜12cm

ヨーロッパでは「紫のクレマチスといえばこの品種」といわれるほど、人気の高い花。暗紫色で4〜6弁の花は、生育が旺盛で次々と開花していく。国内でも、フェンスなどの利用が少しずつ見られている。

ビオラ

C. 'Viola'

系統：遅咲き大輪系
開花期：5〜10月
新旧両枝咲き
花径：10〜15cm

青みの強い紫色の花は、フラットな黄色い花芯がポイント。重ねのよい花弁は、やや弁縁にフリルがあり、全体に丸みを帯びたイメージがある。多花性で、人気のある品種。

ブラック・ティー

C. 'Black Tea'

系統：早咲き大輪系
開花期：5〜10月
新旧両枝咲き
花径：15〜18cm

咲き始めがビロードのような印象のある赤紫色の花は、他に類を見ない色彩で、何とも言えない魅力がある。花つきもよく、品種名を連想し、うなずかせるようなイメージがある。

ブルー・エンジェル
（ブレッキトニー・アニオル）

C. 'Blue Angel'（'Błękitny Anioł'）

系統：遅咲き大輪系
開花期：5〜10月
新旧両枝咲き
花径：8〜10cm

淡い藤色の花で、中心部がぼけて中筋が入る。全体にフワフワと波打つようにフリルが入り、横向きで上品な雰囲気。多花性で育てやすく、パステル調の人気品種。庭植えでフェンスやポールなどに。

春の星

C. 'Haru no Hoshi'

系統：早咲き大輪系
開花期：5～10月
新旧両枝咲き
花径：10～15cm

青色地の花弁に、中央部が白く抜ける花は、弁縁が大きく波を打つ剣弁。夏の二番花は淡青色に変化し、色の変化を楽しむことができる品種である。

月宮殿（げっきゅうでん）

C. 'Gekkyuden'

系統：早咲き大輪系
開花期：4～5月
旧枝咲き
花径：12～16cm

花色は、咲き始めは緑がかった黄色みを帯びるが、咲き進むにつれてクリーム色となる。受け咲き。'満州黄' の枝変わりとも実生ともいわれている。淡黄色系の代表的な品種。

ハイントン・ルビー

C. 'Hainton Ruby'

系統：早咲き大輪系
開花期：5～10月
新旧両枝咲き
花径：12～15cm

ワインレッドで、ビロードのような質感のある花。咲き始めは受け咲き。多花性で育てやすい。華やかな色彩で、遠くからでも目を引く。コンテナでも庭植えでも育てられる。

響(ひびき)

C. 'Hibiki'

系統：遅咲き大輪系
開花期：5〜10月
新旧両枝咲き
花径：6〜10cm

紫色を帯びた濃桃色の剣弁花。中央部が白くぼけており、しっとりとした美しさ。弁縁の形もやわらかく曲がり、優雅な雰囲気を持つ。多花性でコンパクトにまとまる。近年作出された、新しいタイプの品種。

アンドロメダ

C. 'Andromeda'

系統：早咲き大輪系
開花期：5〜10月
新旧両枝咲き
花径：6〜12cm

淡い白桃色で、花弁の中央に濃い桃色の中筋が入る多弁花。八重咲きでは珍しい２色咲きの花。二番花以降は一重になることが多いが、春の花は重なりがよく、大変愛らしい。コンパクトで花つきもよい。

淡墨(うすずみ)

C. 'Usuzumi'

系統：遅咲き大輪系
開花期：5〜10月
新旧両枝咲き
花径：6〜10cm

名前の通り、ほんのりとグレーの墨を散らしたような淡桃色の花。花芯が引き締まった印象で美しい。今までにない特徴のある花色は、咲き進むにつれて変化も楽しめる。今後注目される品種の一つ。

かわいい中・小輪系

上向きまたは横向きのかわいらしい平開咲きの花形です。
生育もよく、たくさんの花を咲かせる品種が多く、春から秋まで絶え間なく咲き続けます。
剣弁や丸弁のほか、花弁がそり返るものや波打つものなどもあります。

アルバ・ラグジュリアンス

C. 'Alba Luxurians'

系統：ビチセラ系
開花期：5〜10月
新枝咲き
花径：3〜5cm

白色の花弁に、赤紫色の小さな花芯がチャーミング。天候や日照によって、弁端の一部が緑色になったりする。多花性で、株をおおい尽くすほどに開花する。100年以上前に作られた品種である。

ミケリテ

C. ‘*Mikelite*’

系統：ビチセラ系
開花期：5〜10月
新枝咲き
花径：6〜10cm

濃赤紫色の花弁は、中心に赤い筋が入り、キリッとした剣弁花。花弁にすき間ができる。生育が旺盛で、次々と花が咲く。多花性で印象的な花なので、株立ちに育ててダイナミックにフェンスなどで楽しみたい。

パープレア・プレナ・エレガンス

C. ‘*Purpurea Plena Elegance*’

系統：ビチセラ系
開花期：5〜10月
新枝咲き
花径：4〜6cm

珍しい濃赤紫色の色彩で、完全な八重咲きの品種。次々と開花し、1カ月以上も咲き続ける。花もちもよく、丈夫でよく育つ。早めに剪定して、秋までに2〜3回花を楽しみたい。

メアリー・ローズ

C. ‘*Mary Rose*’

系統：ビチセラ系
開花期：5〜10月
新枝咲き
花径：5〜8cm

灰色がかった赤紫色の花が次々と開花していく。完全八重咲きの品種。多花性で、生長しながら咲き続ける。他に類を見ない花色。日本には最近紹介されたが、作出は古い。（正式名は‘フローレ・プレノ’）

エミリア・プラター

C. ‘*Emilia Plater*’

系統：ビチセラ系
開花期：5〜10月
新枝咲き
花径：6〜10cm

明るい桃藤色の丸弁で、花弁全体に筋が入り、優しく波打つ。咲き進むにつれて、弁端がそり返ってくる。大変多花性で、花で株中がおおわれてしまうほど。美しいパステルカラーで、女性に人気がある。

テンテル

C. *'Tentel'*

系統：遅咲き大輪系
開花期：5～10月
新枝咲き
花径：6～10cm

淡いピンク地にピンクの覆輪が入り、中心部に向かうにつれて薄くグラデーションしている大変美しい花。弁縁には、こまかくフリルが入り、優雅な印象。黄緑色の花芯とのコントラストが際立つ。

プリンス・チャールズ

C. *'Prince Charles'*

系統：遅咲き大輪系
開花期：5～10月
新枝咲き
花径：6～10cm

パステルブルーの花弁で、中心に薄く赤藤色の筋が入る。'エミリア・プラター'に似るが、弁端がシャープになっている。多花性で、次々と長く花が咲き、人気の品種。ガーデンで育ててみたい。

ポリシュ・スピリット

C. *'Polish Spirit'*

系統：遅咲き大輪系
開花期：5～10月
新枝咲き
花径：6～10cm

赤みを帯びた紫色の剣弁花は、４～５弁。開花すると花弁にすき間ができる。えび茶色で中心部がクリーム色の花芯との一体感があり、独特の雰囲気をかもし出している。多花性で人気の品種。

エトワール・バイオレット

C. *'Etoile Violette'*

系統：ビチセラ系
開花期：5～10月
新枝咲き
花径：5～8cm

濃紫色の花は、黄色い花芯とのコントラストが美しい。咲き進むにつれて、弁端がそり返る。株が充実してくると、株中が花でおおわれるほどに咲き、大変育てやすいおすすめの品種。

エンテル

C. *'Entel'*

系統：ビチセラ系
開花期：5～10月
新枝咲き
花径：6～8cm

淡いシェルピンクの花色で、花弁に筋が入る可憐な品種。多花性で強健。グングンとつるを伸ばしながら開花していく。つるが硬めなので、早めに誘引を行い、折れないように全体のバランスを整えるとよい。

ピーコ

C. '*Pirko*'

系統：ビチセラ系
開花期：5〜10月
新枝咲き
花径：6〜10cm

ラベンダーがかったピンクの花色で、中央に濃色の筋が入る丸弁の品種。丈夫でよく伸び、多花性。やわらかいフリルが入った優しい印象の花は、他の草花とも相性がよく、ポールやフェンスなどに適している。

雪小町（ゆきこまち）

C. '*Yukikomachi*'

系統：早咲き大輪系
開花期：5〜10月
新旧両枝咲き
花径：6〜10cm

受け咲き丸弁。花色は緑黄色がかった白地で、花弁の縁はぼかした淡藤色。花芯は黄緑色。多花性で、次々と愛らしい花を咲かせる人気の品種。庭植え、鉢植えともに適し、コンパクトにまとまる。

マダム・ジュリア・コレボン

C. '*Madame Julia Correvon*'

系統：ビチセラ系
開花期：5〜10月
新枝咲き
花径：5〜10cm

鮮やかなワインレッドの細弁の花は、遠くからでも人目を引く。花弁の先端がそり返り、黄色い花芯とのコントラストもよい。多花性でとてもよく咲き、庭植え向き。育ててみたいクレマチスの一つ。

フルディーン

C. *'Huldine'*

系統：遅咲き大輪系
開花期：5～10月
新枝咲き
花径：6～10cm

パールホワイトの花が次々と咲き、受け咲きで多花性。つぼみにほんのりと赤みが入るので、花とつぼみとの対比もかわいらしい。つるがまっすぐに伸びるので早めに誘引を行い、折らないようにしたい。

ベノサ・バイオレシア

C. *'Venosa Violacea'*

系統：ビチセラ系
開花期：5～10月
新枝咲き
花径：7～10cm

暗紫色に刷毛目状の白いぼかし模様が入る。花芯は小さめの暗紫色。他の品種にくらべると、葉もバランスがよい。和服のかすり模様をイメージさせる花。多花性で生育は旺盛。庭のポイントにするとよい。

ピール

C. *'Piilu'*

系統：早咲き大輪系
開花期：5～10月
新枝咲き
花径：6～10cm

藤桃色の花弁に濃色の中筋が入る。弁縁にこまかくフリルが入り、黄色の花芯との組み合わせも大変かわいらしい。多花性でコンパクトにまとまる。コンテナや背の低いラティスで楽しむと、持ち味が引き立つ。

マーゴット・コスター

C. '*Margot Koster*'

系統：ビチセラ系
開花期：5〜10月
新枝咲き
花径：5〜8cm

赤みの強い桃色で、花弁にすき間があき、よじれる細弁の花。多花性でとてもよく咲き、丈夫で生育が旺盛。バラや草花とも相性がよい。庭植えで、アーチやフェンスなどを使って楽しみたい品種。

白万重（しろまんえ）

C. florida var. flore-pleno

系統：その他（原種）
開花期：5〜11月
新旧両枝咲き
花径：6〜10cm

テッセンの枝変わりで万重咲きとなる。咲き始めは淡黄緑色をしているが、開花が進むにつれて乳白色に変化する。花もちがよく、弁化したしべが次次と開き、長く観賞できる。庭でもコンテナでも楽しめる。

テッセン

C. florida var. sieboldiana

系統：その他（原種）
開花期：5〜11月
新旧両枝咲き
花径：6〜10cm

中国中部に自生。6枚の乳白色の花弁で、雄しべは紫色で弁化している。これが本物のテッセン。八重咲きの改良親となっているのは、カザグルマの八重咲き種‘雪おこし’ではないかといわれている。

フロリダ

C. florida

系統：その他（原種）
開花期：5〜11月
新旧両枝咲き
花径：6〜10cm

テッセンの雄しべが弁化しないタイプで、種子ができる品種。近年、この品種を交配親として、新しい系統の新品種が作出され始めている。改良種は花芯が特有の姿をしている。多花性でさまざまな用途に適する。

アフロディテ・エレガ・フミナ

C. *'Aflodite Elega Fumina'*

系統：インテグリフォリア系
開花期：5〜10月
新枝咲き
花径：8〜12cm

濃紫色の花は、雄しべとのコントラストが美しい。多花性で、細立ちだが生育はよい。木立ち性のユニークな花形は、花首も長く、切り花としても楽しめる。今後注目されるクレマチスの一つ。

清流（せいりゅう）

C. *'Seiryuu'*

系統：インテグリフォリア系
開花期：5〜10月
新枝咲き
花径：6〜10cm

淡藤色の十文字形の花は、'ドウランデイ' に似ているが、細立ちで、つるの誘引が簡単にできる。木立ち性なので、支柱などを利用してサポートするとよい。海外でも流通している国産の良花。

ドウランディ

C. × *durandii*

系統：その他（原種間交配）
開花期：5〜10月
新枝咲き
花径：6〜8cm

インテグリフォリアとジャックマニーとの交配によって作出された品種。両者の中間タイプ。茎も太く、直立性なので、支柱やフェンスを利用して育てたい。花弁が肉厚で花もちがよい。切り花でも人気が高い。

アラベラ

C. *'Arabella'*

系統：インテグリフォリア系
開花期：5〜10月
新枝咲き
花径：5〜10cm

濃青紫色の細弁の花は、黄色い花芯とのコントラストが鮮やか。株立ち状にコンパクトにまとまり、リングなどのサポートによって、ボーダーガーデンのポイントとしても楽しめる。コンテナにも適する。

ユーリ

C. *'Julli'*

系統：インテグリフォリア系
開花期：5〜10月
新枝咲き
花径：6〜10cm

青紫色の花は多花性で、先端部より数節が花でおおわれるほど。弁縁にフリルが入り、とても愛らしい。コンテナや丈の低いフェンスやラティスなどに利用するほか、コニファーに絡ませるのも効果的。

アバンダンス

C. 'Abundance'

系統：ビチセラ系
開花期：5〜10月
新枝咲き
花径：4〜8cm

赤みの強い桃色の花は、花弁にこまかいしわが入り、全体も縮まって見えるユニークな姿。葉にもこまかいしわが入っている。花芯は黄色で、花つきもよく、生育旺盛な強健種。庭植えで利用したい。

ミセス・T・ルンデル

C. 'Mrs.T.Lundell'

系統：ビチセラ系
開花期：5〜10月
新枝咲き
花径：5〜8cm

細弁でこまかく中筋が入るピンク色の花。花芯は黄色。フワフワと波を打った感じに咲く。多花性で、花姿は'マダム・ジュリア・コレボン'に似ている。バラや樹木などと組み合わせるとよい。庭植え向き。

ルブラ

C.　'Rubra'

系統：ビチセラ系
開花期：5〜10月
新枝咲き
花径：4〜6cm

鮮紅色の花は、遠くからでも人目を引く花色。多花性で、四季咲き性の強い品種。花芯の暗紅色がポイントとなって、可憐な雰囲気をつくり出している。丈夫で生育がよく、庭植えで楽しみたい。

清楚なベル形

下向きでベルのシルエットのように、
少しシェイプしたあと、下に広がる花形です。
たくさんの花を咲かせる品種が多く、香りのよい品種もあります。
切り花にできる品種も多く、アレンジメントで人気です。

アリョヌシッカ

C. 'Aljonushka'

系統：インテグリフォリア系
開花期：5～10月
新枝咲き
花径：5～8cm

濃いピンク色のベル形の花は、先端部が幅広で、やわらかく波打つ。木立ち性では最も華やかな品種。生育が旺盛でグングン育つが、多肥栽培をすると花つきが悪くなるので、控えめに施すように気をつけたい。

篭口（ろうぐち）

C.‘Rouguchi’

系統：インテグリフォリア系
開花期：5〜10月
新枝咲き
花径：5〜6cm

インテグリフォリアとレティキュラータの原種間交配によって作り出された品種。濃青紫色のベル形で、半木立ち性。多花性で育てやすく、生育旺盛。早めに剪定をすると、年に数回花を楽しめる。海外でも人気の秀花。

ブルー・ボーイ

C. × diversifolia 'Blue Boy'

系統：インテグリフォリア系
開花期：5〜10月
新枝咲き
花径：4〜7cm

淡青色でベル形の花を咲かせる木立ち性品種。支柱や樹木に絡ませるなどのサポートもよいが、ダイナミックにグラウンドカバーとしても利用できる。多花性で、赤みがかった黄色の花芯とのバランスもよい。

ソフィー

C. 'Sophie'

系統：インテグリフォリア系
開花期：5〜10月
新枝咲き
花径：3〜4cm

青みの強い、光沢のある紫色のベル形の花。多花性で、花の横から出たわき枝より、次々と花が咲く。切り花としても注目されている。コンパクトで株立ちがよいので、コンテナやボーダーガーデンで利用したい。

クウエイチョエンシス

C. kweichowensis Pei

系統：その他（原種）
開花期：7〜10月
旧枝咲き
花径：3〜5cm

オレンジ色を帯びた黄色いベル形の花で、内側は赤みが強い。クレマチスには珍しい色だが、巻きひげ状のつると常緑性の葉がミスマッチで、クレマチスとは思えないほど。寒さに少し弱いので冬季は軒下で。

マクロペタラ

C. macropetala Ledeb.

系統：その他（原種）
開花期：4〜10月
旧枝咲き
花径：4〜5cm

中国東北部からシベリア、北米に自生する原種。和名を「キクザキハンショウヅル」といい、山野草の愛好家にも人気がある。水はけのよい用土を使い、夏は風通しのよい場所で管理することがポイント。

マークハムズ・ピンク

C. 'Markham's Pink'

系統：アトラゲネ系
開花期：4〜10月
旧枝咲き
花径：4〜6cm

「マークハミー」という名で流通している、ピンクのマクロペタラ。ソフトなピンク地の花は多花性。この系統は細根性で根詰まりしやすいので、植え替えは早めに行う。コンテナに適する。

マクロペタラ・ウェッセルトン

C. macropetala 'Wesseleton'

系統：アトラゲネ系
開花期：4〜10月
旧枝咲き
花径：6〜8cm

マクロペタラの選抜種で、淡水色の涼しげな花色。アトラゲネ系の中では、大輪に属する。多花性で遠くからでも目立つ花は、今後注目される品種の一つ。夏はなるべく涼しいところで管理する。

カンパニュリナ・プレナ

C. *'Campanulina Plena'*

系統：アトラゲネ系
開花期：4〜10月
旧枝咲き
花径：4〜6cm

紫がかった青みの強い花は、しっとりとした濃い花色で、アトラゲネ系の中でもインパクトのある品種。多花性で、比較的丈夫なので、コンテナだけでなく、ロックガーデンなどにも使ってみたい。（正式名は'クローシュテ・プライド'）

ホワイト・モス

C. *'White Moth'*

系統：アトラゲネ系
開花期：4〜10月
旧枝咲き
花径：4〜6cm

純白の花が、清楚で可憐なイメージを持つ品種。マクロペタラと同様、このグループの白花は、特に夏場は暑がるので、涼しく風通しのよい場所で管理することがポイント。一度は挑戦してみたい。

アルピナ

C. alpina (L.) Mill.

系統：その他（原種）
開花期：4〜10月
旧枝咲き
花径：3〜5cm

ヨーロッパ南東部からシベリア、中国北部、北米に自生する原種。４弁のベル形の花は、シャープなイメージのある人気の品種。ロックガーデンや山野草との寄せ植えにしてコンテナガーデンなどで楽しめる。

ルビー

C. *'Ruby'*

系統：アトラゲネ系
開花期：4〜10月
旧枝咲き
花径：4〜5cm

アルピナの変異種といわれている。くすんだ赤紫色の４弁の花は、下を向いて咲くが、シャープな印象で人気が高い。個体変異が数タイプあるようだ。

インスピレーション（ゾイン）

C. *'Inspiration(Zoin)'*

系統：インテグリフォリア系
開花期：5〜10月
新枝咲き
花径：5〜10cm

濃桃色の４弁花で、節々に花を咲かせる多花性の品種。生育旺盛で、半木立ち性。よく伸びるので、早めに剪定をして、年に２〜３回は花を楽しみたい。切り花でも人気があり、庭植え、鉢植えともに適する。

ビチセラ

C. viticella L.

系統：その他（原種）
開花期：5〜10月
新枝咲き
花径：4〜5cm

南ヨーロッパから小アジアに自生する原種。野生種のため、国内にも数タイプが導入されている。赤紫色の小輪多花性で、園芸品種改良の重要な交配親ともなっている。群開させて楽しみたい。

ホーゲルビー・ホワイト

C. viticella ‘Hågelby White’

系統：ビチセラ系
開花期：5〜10月
新枝咲き
花径：4〜5cm

純白でベル形の花は、多花性で次々と花が咲く、清楚な印象で人気の品種。この系統の白花は‘アルバ・ラグジュリアンス’とともに希少。丈夫で生育もよく、庭でアーチやフェンスに使ってみたい。

カンパニフローラ

C. viticella subsp. campaniflora

系統：その他（原種）
開花期：5〜10月
新枝咲き
花径：4〜5cm

ポルトガルから南西スペインに自生する原種。純白でフワフワと浮かぶようなベル形の花は、小輪多花性で、伸びながら開花していく。剛直なつるは折れやすいので、早めに誘引するように心がける。

リスボア

C. viticella ‘Lisboa’

系統：ビチセラ系
開花期：5〜10月
新枝咲き
花径：4〜5cm

紫色のベル形の花は、中央部に白く筋が入り、外側にそり返っている。花芯は黄緑色。多花性で、伸長しながら花を咲かせていく品種。動きのある姿に魅力があり、樹木やポールなどで利用するとよい。

踊場(おどりば)

C. 'Odoriba'

系統：ビオルナ系
開花期：5～10月
新枝咲き
花径：3～5cm

ビオルナとクリスパの原種間交配種。紫がかった桃色のベル形の花が下向きに咲く。花弁の内側が、中心部に向かうにつれて白くなる底白タイプ。多花性でとてもよく咲き、丈夫で生育が旺盛な人気品種。

エトワール・ローズ

C. 'Etoile Rose'

系統：ビチセラ系
開花期：5～11月
新枝咲き
花径：4～5cm

濃桃色のベル形の花は、花弁の内側に濃赤色の中筋が入る。以前はテキセンシス系に分類されていたが、近年はビチセラ系に分類された。多花性の強健種で、花つきもよい。庭植えのポールやアーチ仕立てに。

カイウ

C. *'Kaiu'*

系統：ビオルナ系
開花期：5〜11月
新枝咲き
花径：3〜4cm

純白のベル形の花は、ビオルナ、テキセンシスの系統では珍しい品種。多花性で花弁が厚い。伸びながら次々と開花していく。可憐な花形で人気があり、庭植え向き。今後注目の品種の一つ。

不動（ふどう）

C. *'Fudou'*

系統：ビオルナ系
開花期：5〜10月
新枝咲き
花径：3〜4cm

赤みを帯びた濃紫色の花は、近年紹介された新品種。多花性で、生育もよい。花弁の先端はカールするようにそり返り、内側は濃い紅色をしている。丸いシルエットがかわいらしく、庭植えで楽しみたい。

クリスパ

C. crispa L.

系統：その他（原種）
開花期：5～10月
新枝咲き
花径：3～4cm

アメリカに自生する原種。藤色を帯びたベル形で、花弁の先端部がクルッと反転するかわいらしい花形。芳香性があり、多花性で、夏中休みなく咲き続ける。強健で生育旺盛。庭植えでダイナミックに使いたい。

バーシカラー

C. versicolor Small ex Rydb.

系統：その他（原種）
開花期：5～10月
新枝咲き
花径：2～3cm

アメリカ中央部に自生する原種。かわいらしいベル形で、花弁の基部が明るい赤紫色をしており、先端部に向かって乳白色に変化している。生育旺盛で、庭植え向き。多花性で注目度も高い。

フスカ

C. fusca Turcz.

系統：その他（原種）
開花期：5～6月
新枝咲き
花径：2～3cm

シベリアから朝鮮半島にかけて、日本では北海道に自生する原種。和名を「クロバナハンショウヅル」という。黒みを帯びた褐色の花は、こまかい毛でおおわれている。個体変異が多く、つぼみもかわいらしい。

コアクチリス

C. coactilis (Fernald) Keener

系統：その他（原種）
開花期：4～5月
新枝咲き
花径：3～4cm

アメリカ（バージニア州南部）に自生する原種。やわらかいグリーンがかった乳白色の花は、こまかい同色の毛でおおわれている。草丈20cm前後のコンパクトな木立ち性。葉や茎も、全体が軟毛でおおわれている。

アディソニー

C. addisonii Britton ex A.M. Vail

系統：その他（原種）
開花期：5～10月
新枝咲き
花径：3～4cm

アメリカ（バージニア州とノースカロライナ州）に自生する原種。愛らしいくすんだ紫色の花は、先端部が反転して内側のオフホワイトが見える。木立ち性で、株立ちに育ててたくさん咲かせたい。

パゴダ

C. 'Pagoda'

系統：ビチセラ系
開花期：5～10月
新枝咲き
花径：4～6cm

淡いピンク色を帯びた淡藤色の花は、ベル形の半開咲きの品種。フワフワと揺れるように咲く姿は、蝶が舞っているように見える。多花性で生育旺盛な強健種。庭植えでポールやフェンスなどに利用したい。

クサボタン

C. stans Sieb. et. Zucc.

系統：その他（原種）
開花期：7〜9月
新旧両枝咲き
花径：1〜3cm

日本（本州から九州）に分布する原種。ヒヤシンスの小花に似た形の淡青色系の花が、下向きに咲く。つる性ではなく、木立ち性。地域によって個体差がある。近縁種には中国産のヘラクレフォリアがある。

ハンショウヅル

C.japonica Thunb.

系統：その他（原種）
開花期：4〜5月
旧枝咲き
花径：2〜4cm

日本（本州から九州）に分布する原種。名前は下向きに咲くベル形をした花の形が「半鐘」に似ていることに由来する。赤褐色の花は地域により個体変異がある。大きなのこぎり状に切れた葉の下に花がつく。

タカネハンショウヅル

C. lasiandra Maxim.

系統：その他（原種）
開花期：9〜10月
新枝咲き
花径：1.5〜3cm

西日本から中国大陸にかけて自生する原種。花姿はハンショウヅルに似るが、晩秋に咲き、先端部の反転が目立つ。今年伸びた枝の上部に花をつけるが、大株にならないと花が咲きにくいようである。

シロハンショウヅル

C. japonica forma cremea Tamura

系統：その他（原種）
開花期：4〜5月
旧枝咲き
花径：2〜3cm

ハンショウヅルの白花タイプの品種。緑がかったオフホワイトの花を節々に咲かせる。地域によって個体変異が大きい。魅惑の原種。

ニウヤハンショウヅル

C. japonica obvallata (Ohwi) Tamura

系統：その他（原種）
開花期：4〜5月
旧枝咲き
花径：2〜4cm

日本（紀伊半島北部）に自生する原種。ハンショウヅルの地域変異で、半鐘形の花の基部に２枚の小葉がつくのが特徴。小葉の表情が天使の羽のようで、なんとも愛らしい。

ミヤマハンショウヅル

C. ochotensis (Pall.) Poiret

系統：その他（原種）
開花期：5〜6月
旧枝咲き
花径：3〜4cm

中国東北部からカムチャツカ、日本では本州の亜高山帯と北海道に分布する。赤紫色から赤褐色の下向きに咲く花が節々につく。地域により、花色、花形などに変異がある。山野草愛好家にも人気がある。

タングチカ

C. tangutica (Maxim.) Korsh.

系統：その他（原種）
開花期：6〜8月
新旧両枝咲き
花径：2〜3cm

モンゴルから中国北西部にかけて自生する原種。クレマチスの中では珍しい黄色い花を咲かせる。パウダーグリーンの小葉とのバランスがよい。日本では、夏の暑さと根詰まりに注意して育てる。

ゴールデン・ティアラ（クゴティア）

C. 'Golden Tiara' ('Kugotia')

系統：タングチカ系
開花期：6〜9月
新旧両枝咲き
花径：2〜4cm

名前のように黄金色の花弁は、茶褐色の花芯とのコントラストが際立って見ごたえがある。黄花系の中でもプロポーションが整っている品種。黄花系は花後の果球も銀白色に輝き、美しい。

ベル形

ヘリオス

C. 'Helios'

系統：タングチカ系
開花期：6〜9月
新旧両枝咲き
花径：4〜6cm

タングチカの改良品種。黄花系の品種は、夏の暑さに比較的弱い傾向があるが、この品種は平地でも丈夫に育つ。満開になると、花弁が水平に開いてくる。

エリオステモン

C. diversifolia 'Eriostemon'

系統：インテグリフォリア系
開花期：5〜10月
新枝咲き
花径：5〜6cm

インテグリフォリアとビチセラの原種間交配によって作り出された品種。明るい青紫色をしたベル形の少し開いた花で、直立性。草丈が1m以上になる。株立ち状になり、株をおおうほど花が咲く。

ベティー・コーニング

C. 'Betty Corning'

系統：ビチセラ系
開花期：5〜10月
新枝咲き
花径：4〜6cm

ラベンダーブルーでベル形の花は、芳香があり、フワフワとした魅力的な花形とともに、女性に人気のある品種。花の形もかわいらしいが、うつむいて下向きに咲く姿も愛らしい。多花性で強健種。

ニュー・ラブ

C. 'New Love'

系統：ヘラクレフォリア系
開花期：7〜9月
新枝咲き
花径：2〜3cm

青みの強い紫色の、ヒヤシンスに似た花を、花穂の先端部を中心に何段にもつける品種。この系統では最も澄んだ青色の花。コンパクトにまとまるので株立ち状に育て、ボリューム感を楽しみたい。

インテグリフォリア

C. integrifolia L.

系統：その他（原種）
開花期：5〜10月
新枝咲き
花径：3〜4cm

ヨーロッパから中央アジアに自生する。青紫色のベル形をした花を咲かせる。クレマチスの中では珍しく絡まない性質で直立性。木立ち性品種の交配親として利用されている。

リトル・ベル

C.　'Littele Bell'

系統：その他（原種）
開花期：4〜10月
新枝咲き
花径：3〜4cm

ソシアリスの実生選抜種。澄んだ群青色のベル形で、スッと長い笹葉を持つ。ブッシュ状に広がりながら株立ちになり、地下茎で繁殖する。芳香性もあり、切り花にも活用できる。

ブルー・ベル

C.　'Blue Bell'

系統：インテグリフォリア系
開花期：5〜10月
新枝咲き
花径：3〜4cm

インテグリフォリアの実生選抜種。青色の花はベル形で、草丈20cmほどの直立性。コンテナガーデンやロックガーデンにとり入れて楽しみたい、大変愛らしい品種。コンパクトで花つきもよい。

花島（はなじま）

C. ‘*Hanajima*’

系統：インテグリフォリア系
開花期：5〜10月
新枝咲き
花径：4〜5cm

細弁で先端部がそり返る、濃桃色のベル形の品種。細身の葉と花とのバランスがよく、コンパクトにまとまる。ロックガーデンやボーダーガーデンなどにも利用できる。切り花としての人気も高い。

湯舟（ゆふね）

C. ‘*Yuhune*’

系統：インテグリフォリア系
開花期：5〜10月
新枝咲き
花径：4〜5cm

濃い桃色のベル形の花が下向きに咲く、木立ち性の品種。太い茎は、支柱をしなくても大丈夫なほど強い。インテグリフォリア系のピンク色の中では、切り花としても人気がある。

白麗（はくれい）

C. ‘*Hakurei*’

系統：インテグリフォリア系
開花期：5〜10月
新枝咲き
花径：4〜5cm

白花のベル形の花。姿がコンパクトにまとまるので、コンテナやボーダーガーデンなどのポイントに使ってみたい品種。花つきもよく、芳香性もある。切り花としても人気がある。

テキセンシス

C. texensis Buckley

系統：その他（原種）
開花期：5〜10月
新枝咲き
花径：3〜5cm

北アメリカからメキシコに自生する原種。愛らしい壺形の花は、クレマチスとは思えないほど。花弁の内側が黄色になるチャーミングな原種。生育旺盛でよく伸び、庭植え向き。一度は育ててみたい品種。

テキセンシス・スカーレット

C. texensis 'Scarlet'

系統：その他（原種）
開花期：5〜10月
新枝咲き
花径：3〜5cm

テキセンシスの個体変異で、花弁の内側が赤い品種。かわいらしい花形で大変人気がある。強健で生育旺盛。多花性で、夏中休まず咲き続ける。丈夫で庭植え向き。フェンスやアーチにも使ってみたい。

這沢(はいざわ

C. 'Haizawa'

系統：ビオルナ系
開花期：5〜10月
新枝咲き
花径：3〜5cm

桃藤色の大変かわいらしいベル形の花で、花弁の先端が白っぽくなる。多花性でわき枝にも次々と花を咲かせ、枝分かれしながら咲き続ける。強健で生育旺盛。特に女性に人気がある。

クリスパ・エンジェル

C. 'Crispa Angel'

系統：ビオルナ系
開花期：5〜10月
新枝咲き
花径：4〜5cm

淡い白藤色のベル形で、花弁の先端が大きくカールする。この形の系統では珍しい白い花。芳香性もあり、大変愛らしい。生育旺盛で、多花性。これから注目される品種の一つ。

アンスンエンシス（ユンナネンシス）

C. anshunensis

系統：その他（原種）
開花期：12〜2月
旧枝咲き
花径：3〜4cm

中国に自生する原種。乳白色の半鐘形の花を1カ所に数個ずつ、節々に咲かせる。常緑性で生育旺盛。夏の暑さにも比較的強く、育てやすい。フェンスに絡めて目隠しなどにも利用できる。

ウロフィラ

C. urophylla Franch.

系統：その他（原種）
開花期：12〜2月
旧枝咲き
花径：3〜4cm

中国に自生する原種。アンスンエンシスに似ている品種で、現在、同定調査中。乳白色のベル形の花が、冬に彩りを添える。国内では「ウインター・ベル」「ホワイトエンゼル」としても流通している。

チューリップ咲き/パラシュート咲き

上向きでユリ咲きのチューリップのように、立体的に咲く花形です。
たくさんの花を咲かせる品種が多く、特に人気を呼んでいます。
パラシュート咲きは、フワフワと広がり、お椀を伏せたような花形が魅力です。

ダッチェス・オブ・アルバニー

C. 'Duchess of Albany'

系統：テキセンシス系
開花期：5～10月
新枝咲き
花径：4～6cm

淡紫がかった桃色に、濃桃色の中筋が入るチューリップ形の花。立体的に多数咲く。暑さに強く、夏中、次々と花を咲かせる。葉よりも上に伸び出して花が咲くので、人目を引く。切り花としても人気。

グレイブタイ・ビューティー

C. *'Gravetye Beauty'*

系統：テキセンシス系
開花期：5〜10月
新枝咲き
花径：4〜6cm

濃赤色のチューリップ形をした立体的な花。開花するに従って、花弁にすき間があく。夏に強いクレマチスで、生育しながら節々に花を咲かせていく。強健で生育旺盛なので、庭植えでダイナミックに。

サー・トレボー・ローレンス

C. *'Sir Trevor Lawrence'*

系統：テキセンシス系
開花期：5〜10月
新枝咲き
花径：5〜8cm

'グレイブタイ・ビューティー'よりも味わいの深い濃赤紫色の花が、節々に多数開花する。秋の花は、特に赤が強く発色するようである。古い品種だが、国内に紹介されたのは、まだ近年である。

プリンセス・ダイアナ

C. *'Princess Diana'*

系統：テキセンシス系
開花期：5〜10月
新枝咲き
花径：5〜6cm

チューリップ形の紅桃色の花で、赤い中筋が入る品種。細立ちではあるが、節々に咲く花は美しく、人気が高い。夏中、次々と花を咲かせる。以前は'プリンセス・オブ・ウェールズ'と呼ばれていた。

シルホサ

C. cirrhosa L.

系統：その他（原種）
開花期：10〜4月
旧枝咲き
花径：3〜4cm

ヨーロッパから小アジアに自生する原種。乳白色のフワフワとしたパラシュート形の花を節々につける。多花性。強健なので育てやすいが、夏場の休眠期にも水やりを忘れずに。

カリシナ

C. cirrhosa var. balearica (Rich.) Willk. & Lange

系統：その他（原種）
開花期：10〜4月
旧枝咲き
花径：3〜4cm

南ヨーロッパに自生する原種。別名は「バーレリカ」。淡緑黄色のベル形の花は、内側に小さな赤褐色の斑点が入る。パラシュート形の花を節々につける。多花性で強健。夏に休眠し、秋から生育を開始する。

日枝（ひえ）

C. cirrhosa var. purpurascens ‘Hie’

系統：シルホサ系
開花期：10〜4月
旧枝咲き
花径：3〜4cm

カリシナの突然変異により選抜された品種。‘フレックレス’にも似るが、丸弁で内側に霧状に赤銅色の斑点が入る。この系統は、通常は緑の葉をしているが、霜などに当たると銅葉に変化する。

ランダム・ジム

C. cirrhosa var. purpurascens 'Lansdamne Gem'

系統：シルホサ系
開花期：10〜4月
旧枝咲き
花径：3〜5cm

‘フレックレス’の突然変異。花弁の内側がベッタリと赤褐色に染まる。この系統では、最も華やかな印象を持つ。外側は白く、リバーシブルタイプの配色となる。開花してつぼみが開くのが待ち遠しい品種。

フレックレス

C. cirrhosa var. purpurascens 'Freckles'

系統：シルホサ系
開花期：10〜4月
旧枝咲き
花径：3〜5cm

カリシナの実生選抜種。他の同系統の花より一回り大きく、ボリュームがある。斑点が全体に濃く、こまかく鮮明に入る。多花性で育てやすく、強健な人気品種。

ジングル・ベル

C. cirrhosa var. purpurascens 'Jingle Bells'

系統：シルホサ系
開花期：10〜4月
旧枝咲き
花径：4〜5cm

‘フレックレス’の実生選抜種。乳白色の花が純白へと変わり、パラソル形の花を多数咲かせる、人気の品種。クリスマスのコンテナガーデンとして楽しみたくなる。

ナパウレンシス

C. napaulensis DC.

系統：その他（原種）
開花期：12〜1月
旧枝咲き
花径：3〜4cm

ヒマラヤ、南東チベット、南西中国に自生する原種。乳白色のパラソル形の花弁の中から、雄しべが突出しているユニークな花形。国内には2タイプの個体があるようだ。庭植えに適する。

シロバナハンショウヅル

C.williamsii A. Gray

系統：その他（原種）
開花期：4〜5月
旧枝咲き
花径：3〜5cm

日本（関東以西）に自生する原種。乳白色の花は、フワフワとした感じの優しいパラソルタイプ。株を十分育ててから、ガーデンで使ってみたい品種。

上向き・マーガレット咲き

上向きで、クレマチスとは思えないマーガレットような平開咲きの花形です。
特に多花性の品種が多く、
残念ながら一季咲きが多いのですが、その分、開花時期は華やかです。
芳香のある品種が多いのも特徴です。

モンタナ・スプーネリー

C. montana ‘Spooneri’

系統：モンタナ系
開花期：4〜5月
旧枝咲き
花径：6〜8cm

白花のモンタナ系の代表的な品種で芳香性がある。‘モンタナ・ルーベンス’とともに、日本のガーデン・クレマチスのイメージを一新させた品種。ハナミズキに似た十文字形の花。株をおおうほどに咲かせ、庭の主役にしてみたい。

モンタナ・ルーベンス

C. montana var.rubens

系統：モンタナ系
開花期：4〜5月
旧枝咲き
花径：5〜7cm

モンタナ（ヒマラヤに自生）の代表的な品種。美しいパステルカラーの薄桃色で、甘い香りがある。生育旺盛で、３〜５mくらい伸びる。花つきが大変よく、たくさんの花を咲かせる。

フレーダ

C. 'Freda'

系統：モンタナ系
開花期：4〜5月
旧枝咲き
花径：5〜6cm

モンタナ系の中ではいちばん赤い品種。くすんだ明るい赤紫色の花に、中央部が淡い色にぼける。葉もモンタナ系で最も濃い銅葉で、黄色の花芯が愛らしい花とのコントラストが美しい。芳香性もある。

スターライト

C. 'Starlight'

系統：モンタナ系
開花期：5月
旧枝咲き
花径：2〜4cm

珍しい白花の完全八重咲き。花弁の厚い小輪の花で、多花性。花弁の一部に茶色の筋が入っている。ほかにもモンタナの八重咲きは何品種か紹介されているが、日本ではきれいな八重咲きにならないようだ。

メイリーン

C. ‘*Mayleen*’

系統：モンタナ系
開花期：4～5月
旧枝咲き
花径：6～8cm

丸みを帯びてくすんだ淡桃色の花。黄色い花芯が愛らしいハート形の花弁を引き立てる。芳香があり、バニラの香りがする。銅葉もシックな印象で、モンタナの中ではコンパクト。コンテナでも楽しめる。

ワーウィックシーレ・ローズ

C. ‘*Warwickshire Rose*’

系統：モンタナ系
開花期：4～5月
旧枝咲き
花径：5～6cm

モンタナ系の中では、比較的濃い赤紫色の花。細弁で十文字形に咲き、花弁の先端はそり返り、少しねじれる。強健で生育旺盛なので、庭植え向き。銅葉の品種は、花がない時期でも葉が楽しめる。

グリーン・アイス

C.‘Green Ice’

系統：モンタナ系
開花期：4～5月
旧枝咲き
花径：3～5cm

名前の通り、グリーンがかったオフホワイトの花で、ボリューム感のある八重咲き種。多花性で見ごたえのある美しい品種。モンタナ系の中では、比較的コンパクト。

クリソコマ・コンティニティ

C. chrysocoma ‘Continuity’

系統：モンタナ系
開花期：4～6月
旧枝咲き
花径：5～7cm

淡いピンク色で、花芯は黄色。丸い４弁の花を咲かせる。生育旺盛なため、根詰まりには注意したい。木立ち性の品種。コンテナで栽培し、支柱などでサポートしてあげるとよい。

マジョリー

C.‘Marjorie’

系統：モンタナ系
開花期：4～5月
旧枝咲き
花径：5～6cm

グリーンがかった黄緑色の花弁には、先端部からピンク色の縁取りが入り、基部は刷毛目のように白い。海外ではキクのような八重咲きになるが、国内ではほとんど半八重咲きになる。多花性。

ボタンヅル

C. apiifolia DC.

系統：その他（原種）
開花期：5〜9月
新枝咲き
花径：2〜4cm

朝鮮半島（南部）、中国、日本（本州〜九州）に自生する原種。十文字形の白い小花が群開する様子は、大変見ごたえがある。花の感じはセンニンソウに似ているが、雄しべが多数展開し、雪が舞うように見える。

センニンソウ

C.terniflora DC.

系統：その他（原種）
開花期：8〜9月
新枝咲き
花径：2〜3cm

中国から朝鮮半島（南部）、日本では北海道南部から沖縄にかけて自生する原種。白花で、十文字形の、芳香のある小花を多数咲かせる。開花時は株が白い花でおおわれるようになり、仙人がひげをたくわえた感じに見える。

トリテルナータ・ルブロマージナータ

C. × triternata 'Rubromarginata'

系統：その他（原種間交配種）
開花期：6〜10月
新枝咲き
花径：3〜4cm

フラミュラ×ビチセラによって作出された品種。赤紫色の小花は細弁で、中心部に向かって白くぼける。多花性で、生育旺盛。節々に花がつき、ユリの花のような甘い芳香がある。庭植えで楽しみたい。

レクタ・パープレア

C. recta purplea

系統：フラミュラ系
開花期：5〜9月
新枝咲き
花径：3〜5cm

レクタの銅葉系品種。葉色が美しい品種で、全体が赤銅色になる。花は白からほんのりピンク色になり、葉との調和が見事。カラーリーフとして庭のアクセントに使い、ボーダーガーデンなどにも利用できる。

アロマチカ

C. × aromatica Lenné & C. Koch

系統：その他（原種間交配種）
開花期：10〜4月
新枝咲き
花径：3〜5cm

インテグリフォリア×レクタ（フラミュラ）によって作出された品種。青紫色の十文字形に咲く小花は、黄色い花芯とのバランスがかわいらしく、星をちりばめたよう。多花性で、芳香性も強く、庭やコンテナで使いたい。

アーマンディー

C. armandii Franch.

系統：その他（原種）
開花期：3～4月
旧枝咲き
花径：4～7cm

中国に自生する原種。生育が旺盛で、常緑性。照りのある大きな葉を持つ。4～6弁の白い花を節々に数個ずつ咲かせる。少し受け咲き。芳香性があり、風に乗って香りが感じられるほど。庭植えがおすすめ。

日光（にっこう）

C. 'Nistukou'

系統：アーマンディー系
開花期：3～4月
旧枝咲き
花径：4～7cm

アーマンディーの中では、コンパクトにまとまる多花性の品種。国内で作出された。淡い桃色で、締まった丸弁がチャーミング。香りも大変素晴らしい品種で、甘くさわやか。コンテナでも利用したい。

アップル・ブロッサム

C. 'Apple Blossom'

系統：アーマンディー系
開花期：4～5月
旧枝咲き
花径：4～7cm

桜の花をイメージするピンク色のアーマンディー。多花性で、花で株がおおわれるくらいにたくさん咲く。生育が旺盛で、アーチ、フェンスなどにダイナミックに使ってみたい。甘くやわらかい香りも人気。

カートマニー・ジョー

C. × cartmanii 'Joe'

系統：フォステリー系
開花期：3〜4月
旧枝咲き
花径：4〜7cm

ニュージーランドの原種間交配（マルモラリア×パニキュラータ）によって作出。白花で黄色い花芯の花。節々に数個ずつ花をつける。パセリに似た葉は常緑性で、花のない季節も楽しめる。(雄株)

アーリー・センセーション

C. ‘*Early Sensation*’

系統：フォステリー系
開花期：3〜4月
旧枝咲き
花径：4〜6cm

純白の花は‘カートマニー・ジョー’に似るが、全体的に大柄。花芯はグリーンがかった黄色。葉もごわごわと硬い感じで、濃い緑色をしている。この系統は冬季に水を控えることが、花芽をつけるコツ。（雌株）

ルナ・ラス

C. ‘*Lunar Lass*’

系統：フォステリー系
開花期：3〜4月
旧枝咲き
花径：2〜3cm

ニュージーランドの原種間交配種（マルモラリア×ペトレイ）。珍しいグリーンがかった黄色の小輪花が、1節に数個ずつ、節々に開花する。‘カートマニー・ジョー’よりも小さく、葉もこまかい。（雌株）

ピクシー

C. ‘*Pixie*’

系統：フォステリー系
開花期：3〜4月
旧枝咲き
花径：2〜3cm

緑がかったクリーム色の6弁の花。多花性で非常にコンパクトにまとまる。木立ち性で、乾燥にも比較的強い。鉢植えにするほか、ハンギングバスケットなどにも利用できる。（雄株）

カートマニー・ホワイト・アバンダンス

C. × cartmanii 'White Avandance'

系統：フォステリー系
開花期：3〜4月
旧枝咲き
花径：4〜10cm

'アーリー・センセーション'に似るが、さらに大きな花。草丈も全体的に2倍程度大きくなり、節間も広い。純白の花は花芯が黄色で、輝くように美しい。これから注目される品種。(雄株)

マジョジョ

C. 'Majojo'

系統：フォステリー系
開花期：3〜4月
旧枝咲き
花径：3〜5cm

乳白色の花は丸弁でかわいらしく、パセリのような葉を持つ。この系統は冬季に水やりを控え、霜の当たらない明るい軒下などで管理するとよい。夏場は梅雨の長雨に直接当てないようにすると過ごしやすい。(雄株)

ヘクサペタラ

C.hexapetala L.

系統：その他（原種）
開花期：5〜7月
新枝咲き
花径：3〜4cm

中国自生の原種。毛でおおわれたつぼみから白色の花を咲かせる。木立ち性で、笹葉に長い常緑の葉を持ち、株立ち状に横に広がって生育する。多花性で、小花をたくさん咲かせる、ユニークなクレマチス。

ムーンビーム

C. '*Moonbeam*'

系統：フォステリー系
開花期：3〜4月
旧枝咲き
花径：2〜4cm

黄緑がかった白い花が、星をちりばめたように多数咲く。葉もこまかく縮れ、かわいらしい。比較的水はけがよい環境を好む。つり鉢やハンギングバスケットに仕立ててみるのもよい。（雄株）

香りのよいクレマチス

クレマチスの中には、よい香りを持つ品種がたくさんあり、その多くはベル咲きか中・小輪系、上向き・マーガレット咲きなど、小さくかわいらしい花たちです。また、一季咲きの品種が多いのも特徴です。香りも品種ごと、また個体ごとに微妙に異なることもあるので、購入の際にはよく確かめましょう。芳香があるクレマチスのおすすめ品種を集めてみました。

'日光'
ジャスミンを軽くし、スッキリしたような印象の香り。

'白麗（はくれい）'
さわやかで気品が感じられるような、清潔感のある香り。

'クリスパ'
甘い香りのする花が多い。においには幅がある。

'アロマチカ'
ラベンダー・オイルに近い、甘くしっとりとした香り。

'モンタナ・ルーベンス'
はちみつのような印象の、甘くやわらかい香り。

'ベティー・コーニング'
せっけんのような、無垢で自然な印象のよい香り。

'トリテルナータ・ルブロマージナータ'
ユリのカサブランカに似たような、気品のある香り。

センニンソウ
さわやかで清涼感のある、サッパリとした印象の香り。

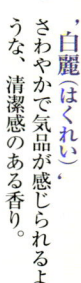

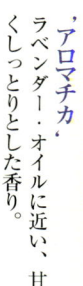

What is Clematis

クレマチスを じょうずに育てるには

クレマチスは丈夫な宿根性の植物で、
他の園芸植物とは少し異なったユニークな性質を備えています。
初めて育てる人でも、そのポイントを理解しておけば、クレマチスの魅力を楽しむことができるでしょう。
クレマチスのプロフィールをはじめ、育て方と管理のコツを、
プロセス写真を用いてわかりやすく解説します。

クレマチスってどんな花?

れんが造りのアーチに、バラとともにたっぷりと絡まる‘ペルル・ダ・ジュール’。

クレマチスは、キンポウゲ科クレマチス属の植物です。原種は世界各地に分布しており、北半球の温帯域を中心に約250〜300種が自生しています。ギリシア語のKlema（つる、巻きひげ）が学名の由来になっていますが、アサガオやブドウのようにつるや巻きひげによってよじ登るのではなく、葉柄《ようへい》が支柱などに絡みついていきます。

クレマチスの魅力は、なんといっても花が変化に富んでいることです。花弁のように見えるのは、萼《がく》片《へん》が変化して色がついたもので、雄しべとのコントラストも見どころの一つです。また、葉姿・草姿も多様で、花後に結ぶ球状の果実も観賞できます。多くはつる性の落葉植物ですが、木立ち性や常緑のもの、芳香性のものもあり、花期も四季にわたります。この多様性こそがクレマチスのおもしろさといえましょう。

栽培はポイントさえ押えておけば、初心者でも丈夫に育ち、毎年花を楽しむことができます。

・幼苗は１年間鉢で育て、２年目からコンテナや庭で楽しむ。

・タイプに合わせた剪定法（106〜109ページ参照）で株を作る。

・植えつけるときは深植えにすると、株立ち状となり、多くの花を見られる。

イギリスでは庭作りに欠かせない植物として、バラとの相性もよく、豪華に咲くバラの花と清楚に咲くクレマチスは、花弁の質感やお互いにない色を補い合いながら調和する名コンビです。日本でも、ともに空間を立体的に演出する花として、人気が高まっています。

驚くほど多彩なクレマチスの葉。多くは1回3出複葉だが、単葉のものもあり、また鋸歯《きょし》葉もある。

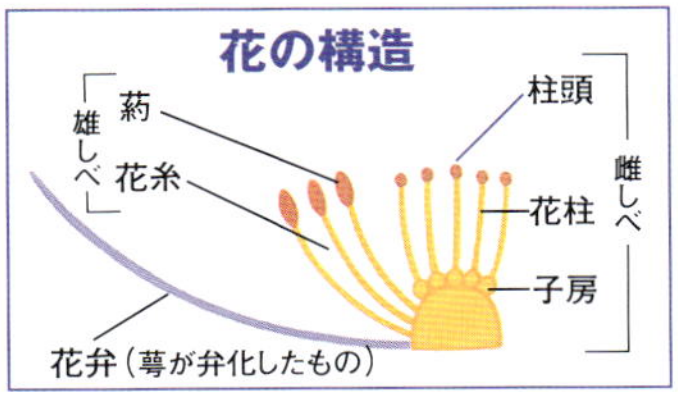
花の構造
雄しべ
葯
花糸
柱頭
花柱
子房
雌しべ
花弁（萼が弁化したもの）

結実してできた「果球《かきゅう》」と呼ばれる種の集合体。花材としても楽しめる。

つるの巻き方
ブドウ
葉と反対側から巻きひげが出てからむ
クレマチス
葉柄が絡む
巻きひげ
アサガオ
つるが巻く

自然風の支柱に仕立てた'ピール'。コンテナでも深植えに。万一立ち枯れても新芽が伸びる。

クレマチスの歴史

テッセンは中国の自生種

カザグルマ（千葉県船橋市自生種）

インテグリフォリア系の‘ブルー・ベル’

クレマチスが洋にも和にも調和し、親しみやすいのは、大輪の園芸種が日本原産のカザグルマを中心に品種改良されたためでしょうか。品種改良の歩みを知れば、いっそうクレマチスに親しみが感じられることでしょう。

イギリスで始まった改良の歴史

クレマチスの改良の歴史は、古くから園芸文化の盛んなイギリスで始まっています。しかし、イギリスには小輪のビタルバ（C.vitalva）しか自生種がありませんでした。そこへ1569年にスペインからビチセラ（C.viticella）が、続いて1573年には東ヨーロッパからインテグリフォリア（C.integrifolia）が導入され、小輪同士の交配が行われました。

大輪園芸種の改良が始まるのは、オランダの医師でもあるシーボルトによって1836年に日本産のカザグルマ（C.patens）が、1851年にイギリス人のフォーチュンによって中国産のラヌギノーサ（C.lanuginosa）がもたらされてからのことです。

ジャックマニーの誕生によって改良熱が高まる

それまで、淡い色合いで大輪系の花が多かったクレマチスの中で、1863年にイギリスのジャックマンが発表した‘ジャックマニー’（C.Jackmanii）は、ベルベットのように輝く濃い紫の花で、当時のヨーロッパに一大センセーションを巻き起こしたといわれています。ジャックマンが、花の大きさよりも濃色を重視して交配した結果、誕生したものです。この品種の出現により、ヨーロッパの育種熱はさらに高まり、カザグルマやラヌギノーサなどとも交配されて魅力的な大輪の園芸種が、各地で200種以上も生まれています。

テキセンシスの導入で赤花も登場

1880年に、北アメリカの原種で赤いベル形のテキ

‘ジャックマニー・スーパーバ’とビチセラ系の‘ルブラ’

センシス(C.texensis)がヨーロッパに渡ると、それまでになかった赤い色が加わって改良が進みます。順調に進んできた品種改良は、その後20世紀の初めころから、大規模な立ち枯れ病の発生や世界大戦によって一時停滞します。再び脚光を浴びるのは、第二次世界大戦が終結した1945年ごろからで、イギリスのジャックマン父子、フランスのロウといった新世代の育種家が魅力的な品種を次々と生み出しました。

日本でのクレマチス

カザグルマは日本原産のクレマチスです。テッセン（C.florida）は、中国に自生する原種で、花の形が似ていることから、よくカザグルマと混同されますが、室町時代に渡来したという説が有力なようです。明治時代末から大正時代にかけて、大手育種会社やバラ園を通じて、‘ザ・プレジデント’などのヨーロッパで品種改良が進められた品種が輸入されました。

テキセンシス系の‘ダッチェス・オブ・アルバニー’

発色が美しいピンクの‘イースト・メーリング’

1960年代には、‘白王冠《はくおうかん》’‘江戸紫《えどむらさき》’‘天晴《あっぱれ》’など、現在も世界で流通する名花が次々と生まれ、そして、1980年には海外でも人気ベストテンに入る名花‘柿《かき》生《お》’が誕生します。日本で作出された品種が、海外でも高い評価を得られるのは喜ばしいことです。

ガーデニングの流行とともに、それまで日本で主流だった鉢植えの行灯《あんどん》作りから、フェンスやトレリスなどのイングリッシュガーデンスタイルでクレマチスを楽しむ人がふえてきました。庭植えでは、多花性で個性的な品種が好まれ、特にモンタナ種は人気の花となりました。近年では、冬咲き種や常緑種も加わり、一年を通じていっそう楽しみの幅も広がっています。

クレマチスの系統と分類

世界各地に自生している原種と改良種をわかりやすく分類しました。原種を交配して作られたのが、今日見られる多種多様な品種です。改良親となった原種のグループごとに、系統がまとまっています。なお、分類にはいくつかの説があります。

アーマンディー系

アーマンディーを中心に改良され、常緑性で光沢のある葉を持ち、花には芳香がある品種が多い。

'アップル・ブロッサム'

アトラゲネ系

アルピナ、マクロペタラを中心に改良された。この系統は山野草としても人気がある。

'カンパニュリナ・プレナ'

シルホサ系

冬咲きのシルホサを中心に改良された。オフホワイトの花が下を向いて咲き、かわいらしい。

'ジングル・ベル'

フォステリー系

ニュージーランドの原種を中心に改良。常緑の葉で、白やグリーンの花が早春に咲く。

'ルナ・ラス'

'モンタナ・ルーベンス'

モンタナ系

モンタナを中心に改良。生育旺盛で、4弁の花を春に多数群開させる。芳香性もある。

'トリテルナータ・ルブロマージナータ'

フラミュラ系

フラミュラ、センニンソウなどを中心に改良。十文字形の小花を多数群開させ、芳香もある。

'花島（はなじま）'

インテグリフォリア系

インテグリフォリアを中心に改良された。木立ち性で4弁、下向きの花が多い。芳香性を持つ品種もある。

'ニュー・ラブ'

ヘラクレフォリア系

ヘラクレフォリア、クサボタンなどを中心に改良。ヒアシンスのようなベル形の小花を持つ。芳香性。

'サー・トレボー・ローレンス'

テキセンシス系

テキセンシス（原種）と園芸品種を交配して改良された。チューリップ形の多花性品種が多い。

'這沢（はいざわ）'

ビオルナ系

ベル形のビオルナ、テキセンシス、クリスパ、フスカなどを中心に改良された品種。

‘ヘリオス’

タングチカ系

タングチカ、オリエンタリスなどを中心に改良。黄色いベル形の花とパウダーグリーンの葉が特徴。

ビタルバ系

ビタルバ、ボタンヅルなどを中心に改良。白っぽい小輪系の小花を、節々に多数咲かせる。

ボタンヅル

ビチセラ系

ビチセラを中心に改良された。多数の園芸品種がある。中・小輪で多花性の品種が多い。

‘マダム・ジュリア・コレボン’

大輪系改良種

＊品種により、両者の中間タイプ（八重咲き系）に属するものもある。

早咲き大輪系

パテンス、ラヌギノーサなどを中心に改良された。4月中旬より開花が始まる品種。

‘柿生（かきお）’

遅咲き大輪系

‘ジャックマニー’、ラヌギノーサを中心に改良。ほぼ5月上旬より開花が始まる。

‘ビクトリア’

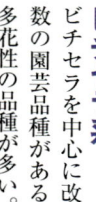

花形のいろいろ

クレマチスは原種だけでも300種余りもあり、花形や花色もきわめて多彩です。中には「これがクレマチス？」と思えるものさえあり、驚くほど変化に富んでいます。

コアクチリス

クサボタン

ハンショウヅル

センニンソウ

‘フェアリー・ブルー’

タングチカ

インテグリフォリア

‘ダッチェス・オブ・エジンバラ’

‘プリンセス・ダイアナ’

‘フレックレス’

‘ザ・プレジデント’

‘アーリー・センセーション’

クレマチスの苗を入手したら

お気に入りの品種や花が決まったら、市販の苗を購入して育ててみましょう。まずは入手の際のポイントをしっかり押さえましょう。

購入時期

2～5月ごろを中心に（一部は秋にも）、園芸店やガーデンセンターの店頭に並びます。通信販売などでの購入も同じ時期です。

よい苗の選び方

1年生苗は挿し木をして1年以内のもの、2年生苗は1年生苗をもう1年育てたものです。よい芽があり、枝がしっかりした苗で、鉢底から根が出ているような株を選びます。2年生苗のほうが価格は少し高いですが、株がしっかりしているので、初めて購入するかたにはおすすめです。近年は、3年生苗も販売されています。

1年間は鉢で育ててから

クレマチスは丈夫ですが、幼苗は弱いものです。1、2年生苗は、1年間は鉢で育て、丈夫な株にしてから、庭やコンテナに植えて楽しみましょう。

根のタイプは3タイプ

品種により、太根性（太く長い根で側根《そっこん》はあまり出ない）タイプ、細根性（こまかいひげ根状）タイプと、その中間タイプがあります。特に細根性タイプは根詰まりに弱いので、くずれにくい用土（バーミキュライトのかわりに軽石など）を少しまぜて植えつけます。

深鉢を使って深植えが基本

植えつけは2～4月上旬が適期です。クレマチスは根が下に深く広がるので、深鉢を使用します。地中に1節以上入るように深植えにしておくと、立ち枯れ病（123ページ参照）が発生しても、地中からまた芽が出るので、株全体を枯らすことはありません。

植えつけ時の注意点

根はていねいにとり扱います。クレマチスの根は、側根が発生することが少ないので、切ったり、乾かしたりしないようにします。

市販のクレマチスの苗
左は1年生苗（7.5cmポット）。右は2年生苗（12cmポット）。価格は少々高いが、初心者には2年生苗がおすすめ。

同じクレマチスでも、系統によって根の状態が異なる。右は細根性（マクロペタラ）、左は太根性（'ドクター・ルッペル'）。

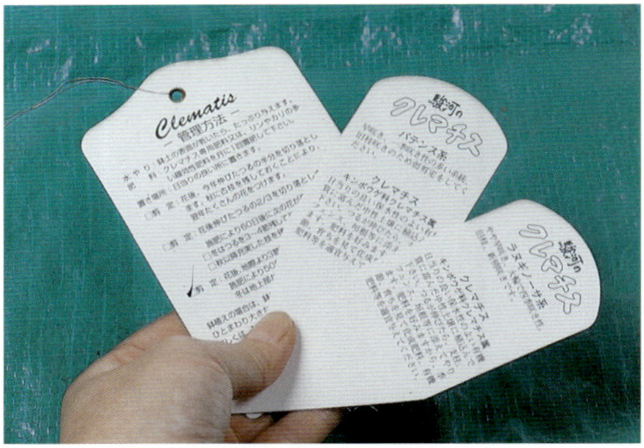

買うときはラベルをチェック
クレマチスは系統や品種によって、剪定《せんてい》の仕方も異なるので、購入時にラベルで調べておく。ラベルはなくさないように注意。

開花鉢を購入したら
初めて育てる人には、少し高価でも、花つき株が安心。開花後に、一回り大きな鉢に植え替えるとよい。
（'H.F.ヤング'）

クレマチスの鉢植え用土

各地で入手しやすい用土を2〜3種類くらい混合して植えつける。この土でなければダメということはない。通気性と水はけがよい土で、保水力のある土が理想的。
[太根性の例]　赤玉土小〜中粒 4、鹿沼土 4、バーミキュライト 2の割合

つぼみが出ている苗を入手したら

1 挿し木をした前年の枝についていた花芽が伸び出してきたもの。咲かせると株に負担がかかる。

2 小苗の段階で開花させてしまうと、あとの生育が悪くなるので、咲かせないでつぼみをカット。

3 根も活発に生長しているので、根鉢をくずさないように注意して植えつける。

植えつけ（鉢・庭）と枝作り

鉢への植えつけ

他の植物では、土と根をなじませるために、竹箸などで用土を突き入れたりしますが、根を切る原因となるので、基本的には行いません。植えつけ終了後に２～３回、鉢をトントンと少し強く地面に打ちつけ、根と土をなじませます。こまかく何回も打ちつけると、土が締まって通気性が悪くなるので注意します。

品種名などのラベルは大切

近年は、品種名のほかに、○○系とグループや剪定方法が記載された親切なラベルがあります。品種の特性に合った適切な剪定を行わないと花が咲かないことがあります。品種名がわからなくなると困るので、植えつける際、必ずラベルはつけておきましょう。

植えつけ直後の水やり

鉢底から出る水が透明になるまで、繰り返し何回か水やりを行うことで、鉢中のみじん（粉土）をとり除きます。

開花鉢の入手

苗ではなく、成株（開花株）を購入した場合に、すぐに花を楽しむことができます。選ぶポイントは、葉の色が濃く、鉢全体につるが伸びている株を選びます。クレマチスは長くつきあう植物ですから、花数よりも好みの品種で、しっかりしている株を選びましょう。

鉢の植え替え作業の注意点

苗木は１年間育てると、株が育って鉢底から根がのぞいてきます。また、成株の場合も１～

用意するもの
苗木、培養土、土入れ、深鉢（５号）、元肥（マグァンプK）、鉢底用の土（軽石）、ビニタイ、支柱

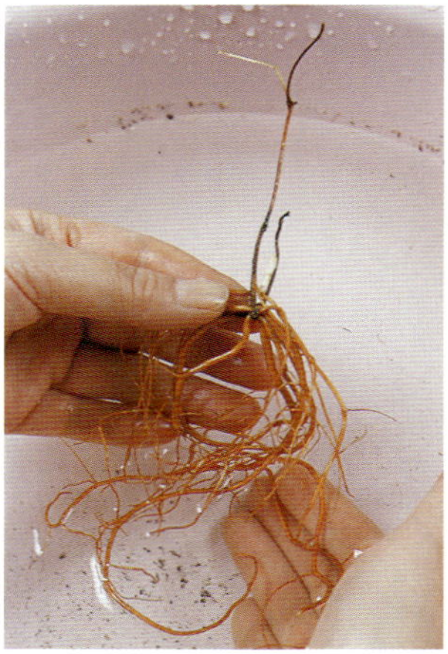

1
植えつける前に根の状態を確認するため、苗木を水洗いして、病虫害の有無を確かめる（根を乾かさないよう注意）。

2
鉢底には、水はけと空気の流通をよくするために、軽石（大粒）を２層くらい入れておく。

3
培養土を軽石が隠れるくらいに入れ、元肥として緩効性化成肥料（マグァンプK）を入れる（５号鉢で８～10ｇほどが目安）。

4 培養土を少し足し入れ、根を広げて植えつける（根を傷めないようにくれぐれも注意を）。

5 苗木を中央に置き、支柱を立てて培養土を入れる。１節は地中に埋めておくことが大切なので、芽の位置の深さを確認すること。

6 植えつけたら、鉢底から出る水が透明になるまで、何回も水を与える。下の水は鉢中から出たみじんで濁っている。

7 忘れずにラベルをつけて、植えつけ作業終了。つるが不安定な場合は、ビニタイで支柱に固定する。

２年に１回は、一回り大きな鉢に植え替えを行いましょう。適期は春先、花後、晩秋で、真夏と真冬を除き、作業はほぼ一年中可能です。根を傷めないように慎重に行ってください。尺鉢（径30cm）以上の大株の場合は、リスクはありますが、株分けして仕立て直すことも一つの方法です。適期は生育が活発な５～６月で、こまかくは分けず、地上部は多めに切って全体のバランスをはかります。

植えつけ後の管理

クレマチスは日光が大好きです。できれば半日以上、日がさす場所に置きましょう。ただし、直射日光が当たらなくても、明るく広い空間があれば生育します。水は土の表面が白っぽく乾いたらたっぷり与えるのが基本です。肥料は元肥を入れてあるので、植えつけ後１カ月くらいは与えなくても大丈夫です。（芽が活動している苗は、植えつけ後半月以上たってから与えます）

庭への植えつけ

2年以上の株（苗）を植えつける

鉢植えで1年以上育てた苗は、鉢内いっぱいに根が広がり、株も充実してきます。アーチやフェンスなどを利用して、ダイナミックに楽しみたいものです。

植えつけの時期

鉢からの植えつけは、真夏を避ければ一年中可能です。ただし、できるだけ休眠期（冬～早春）に行うのが理想的です。

植え場所

日当たりのよい場所に植えつけます。半日以上、日が当たるところがよいでしょう。植えつける際には、明るい方向に向かって咲くので、花を眺める方向に空間が多くなるように配慮します。ただ、株元に直接日が当たると、地温が上昇するため、夏の間に根が弱ってしまいます。対策としては、株元をおおう植物を植え、直射日光を防ぐのがよい方法です。草丈が低く、根が浅く広がる一年草が適しています。土の乾燥や泥はね防止にも役立ちます。

移植はしない

鉢植えのクレマチスを、根を切らないように鉢から抜き、庭に植えるのは特に問題はありません。しかし一度庭に植えたクレマチスの移植は、なるべく避けます。移植をすると、ダメージが大きいため、生育が止まってしまい、へたをすると株を枯らすことにもなり

庭への植えつけ（モンタナ）

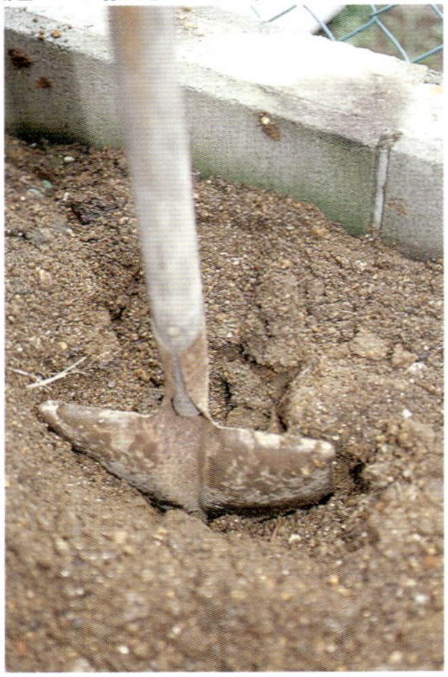

1 植える場所としては、フェンスやアーチから少し離れたところを確保する。

2 穴の大きさは、根鉢の大きさにもよるが、直径、深さともに40～50cm程度を目安に。

5 植え穴に置いた状態。少し深めに植えつけるのがポイント。

6 土を少し高めに入れる。落ち着くと土が沈むので、その分も含めて高さを決める。

3　掘り上げた土には、完熟腐葉土を加え、緩効性化成肥料を一握りほど入れてよくまぜる。

4　根鉢をくずさないように、ていねいにとり扱う。根が絡まっているものは、少しほぐす程度にする。

7　植えつけ終了。ラベルと支柱はしっかり立てておく。

自然風の庭植えのモンタナ。植えつけてから2～3年でこのように咲く。

かねません。やむをえず行う場合は、根鉢をくずさないように大きく周囲から掘り上げ、地上部も全長の1/5～1/3程度を残して強く剪定し、根を乾かさないようにていねいにとり扱います。

大きな植え穴を用意する

クレマチスの根は深く広がります。植え穴は大きく深く掘りましょう。保水性、排水性、保肥性のある土にするために、完熟腐葉土や堆肥を3～4割混合してから植えつけます。

深植えにすること

深植えにするのは、立ち枯れ病が出たときのためだけでなく、地中に埋まった節の部分から、複数の芽が伸び出すので、枝数がふえ、早く株立ち状に育つためです。

庭植え後のケア

庭植え後、数年たって花つきが悪くなってくることがあります。これは地中で根がいっぱいになり、水の通りが悪くなったり、元肥の効果がなくなっていることが考えられます。株元から少し離れたところに細い棒などで数カ所穴をあけ、水がしみ込みやすくしましょう。株元には新しい土を上から足し、定期的に施肥を行います。伸びすぎてクモの巣状になってしまった枝は、何本か枝がある場合、半分程度を強めに剪定して株元付近から芽を出させます。交互にこの更新を行い、株をリフレッシュさせると、全体に花がよく咲きます。

基本の枝作り

成株に育つと丈夫なクレマチスですが、小苗を直接庭植えにしたり、鉢に植えてそのままにしておくと生育も遅れがちです。株作りをしないと１本の枝だけが伸びるので、花数も少なく、間が抜けた感じの株になってしまいます。１年間育て充実した株を、翌年から好みのスタイルに仕立てて楽しみます。

剪定を行い、枝数をふやす

伸長中の枝を剪定することにより、１本から２本にと枝数がふえていきます。旧枝咲き、新旧両枝咲きのグループは、前年に伸びた枝に春の花が咲くので、充実した枝がどれだけあるかによって花数が決まってしまいます。また、新枝咲きのグループも、剪定をしておくと、枝は冬季に枯れてしまうものの、地中の芽の生育が促進され、春には太い元気な芽が出てきます。翌年の花数をふやすためにも、ぜひ枝作りの剪定を行いましょう。基本の枝作りは、３グループとも同様の剪定方法です。

剪定は初夏までに

剪定するごとに、枝数が１本→２本→４本へと倍々にふえていくのが理想です。節にある芽の状態により、２～３本というのが多いようですが、それでも計算上では１本の枝で育てるよりも倍以上の花が咲くということです。初夏以降に剪定しても、十分に元気のよい枝はできにくいので、最終剪定は７月上～中旬ころまでに終わらせます。

枝はまっすぐに伸ばさない

途中の段階までは普通の支柱でもよいのですが、最終的には行灯型支柱などで斜め上に伸びるように枝を誘引していきます。どの枝も同一方向に誘引すると、

1
6～7節、伸長中のクレマチス。このままだと1本伸びるだけで、わき枝が出てこない。

2
2～3節を残して剪定を行ったところ。

5
剪定後に新芽が伸びてきている。1カ月ほどで芽数が4本になった。

6
ここで初めて、行灯仕立てを開始する。枝を折らないようにていねいにとり扱う。枝は直接ビニタイなどで固定するのではなく、あくまでもサポートする感じでゆるめに。

7
行灯型支柱を立て、ここから本格的な誘引が始まる。

8
伸長中のクレマチス。4本の枝が伸びている。このあとはもう剪定はしない。

3

2本の枝が伸びて、同様に6～7節伸長したところで、また2～3節を残して剪定する。

4

剪定作業後の状態。

剪定しないと枝が出ず、貧弱な株に育ってしまう

剪定せずに育てた枝のない苗（右）と、基本の枝作りをして育てた苗（左）。

生育中の芽と芯止まりした芽を見分けよう

伸長中のクレマチスの新芽。先端部が緑色で丸みを帯びている。

先端部の生長が止まってしまった状態。このままでは新芽が動かないので、1節下で切り戻し剪定を行う。

枝配りがスッキリします。

また、枝はところどころを支柱に留めますが、このとき支柱に絡ませないように注意します。絡ませたりくぐらせたりすると、植え替えや支柱交換のときにはずせなくなるので要注意です。葉柄をからませるのは大丈夫です。

芯止まりに注意

葉が元気でも、先端の芽が伸びていなければ生長しません。先端部の芽が丸みを帯びている場合は通常の生長中ですが、先端の中央部が白っぽくフカフカしているような感じのものは芯が止まっていて、これ以上は芽が伸びません。早めに1～2節下で剪定すると、新芽が出やすくなります。

剪定のコツ

剪定を行うときは、節と節の中間部で切ります。他の植物のように節のすぐ上で剪定すると、枯れ込んだ場合、近くの節の芽をダメにすることがあるからです。中間部で切れば、枯れ込んでも途中で止まります。また、枝が硬くなると、品種によっては芽の動きが鈍くなります。早めに剪定を行いましょう。

タイプ別 剪定のコツ

クレマチスは生育の仕方によって、剪定のタイプが異なります。剪定のコツをマスターすれば、花つきにグッと差が出ます。各品種がどのタイプに属するかは、11ページからのカタログを参照してください。

旧枝咲き

・前年伸びた枝（旧枝）の各節から、新芽を1～3節ほど伸ばして花を咲かせるグループです。

・一季咲きの性質が強く、生育を始めるとすぐに咲くので、このグループの多くの開花時期は4月中旬から5月中旬と早咲きです。また、大輪の品種が多いのも特徴です。

・早咲き大輪系、モンタナ系、アトラゲネ系、アーマンディー系、シルホサ系、フォステリー系、アンスンエンシスやナパウレンシスもこのグループに属します。

・剪定の仕方としては、花後には弱剪定または無剪定とします。

'ネリー・モーザ'

新枝咲き

・前年伸びた枝（旧枝）は大半が枯れ、地ぎわや地中からの新芽が10節ほど伸びてから、節々に花を咲かせるグループです。

・多くは開花期が5月下旬から咲き始め、四季咲き性が強く、花後に強く枝を切り詰めると再び花が見られます。同様のプロセスを繰り返すと、秋まで3～4回花を楽しめます。

・テキセンシス系、ビオルナ系、インテグリフォリア系、ビチセラ系、ビタルバ系、フラミュラ系、ヘラクレフォリア系などが、このグループに属します。

・剪定の仕方としては、思い切った強剪定をします。

'マダム・ジュリア・コレボン'

新旧両枝咲き

・前年伸びた枝（旧枝）の各節から、新芽を5～8節ほど伸ばして花を咲かせ、今年伸びた枝（新枝）にも花が咲きます。

・5月上旬ころから咲き出し、四季咲き性があります。花後早めに剪定をすることで、年に2～3回花を見ることができます。多くの四季咲き性大輪種は、このグループに属します。

・遅咲き大輪系、タングチカ系、テッセン（フロリダ）の改良種などが、このグループに属します。

・剪定の仕方としては、強剪定でも弱剪定でもよい任意剪定となります。

'ムルチ・ブルー'

旧枝咲き系の剪定（弱剪定）

花後の剪定は、花首を切るか、花首の１節下で切る程度とし、その後に伸びるつるはそのまま伸ばします。この長く伸びた枝の各節に、秋になると花芽がつくので、冬の剪定は細くて弱い枝や、枯れ枝をとり除く程度とします。

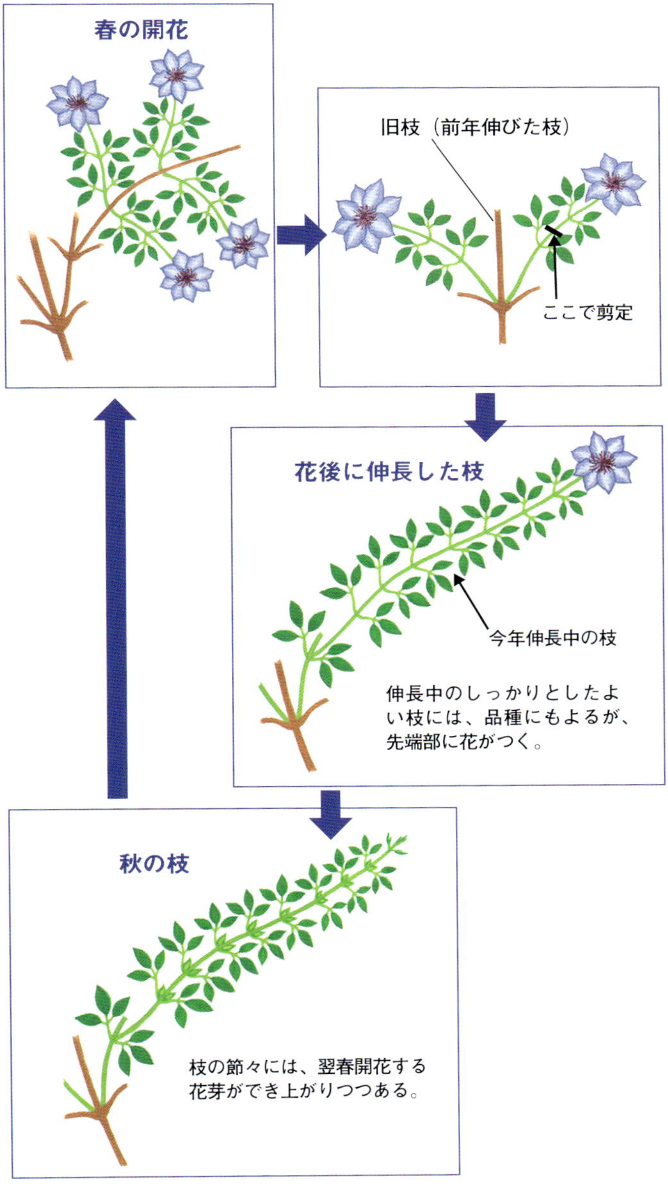
春の開花
旧枝（前年伸びた枝）
ここで剪定
花後に伸長した枝
今年伸長中の枝
伸長中のしっかりとしたよい枝には、品種にもよるが、先端部に花がつく。
秋の枝
枝の節々には、翌春開花する花芽ができ上がりつつある。

‘月宮殿’ の剪定

剪定前
花後の株の状態。剪定の適期だが、このタイプの品種は、強い剪定は禁物。

剪定後
花首を切る程度か、花首より1節下で剪定する。少しコンパクトになった状態。

新枝咲き系の剪定（強剪定）

全体の７～８割が咲いたところで、２～３節残して切り詰めておくと、再び新芽が伸び、30～45日後には二番花が咲き始めます。同様に早め早めの剪定を繰り返すことで、晩秋までに３～４回花を楽しむことができます。

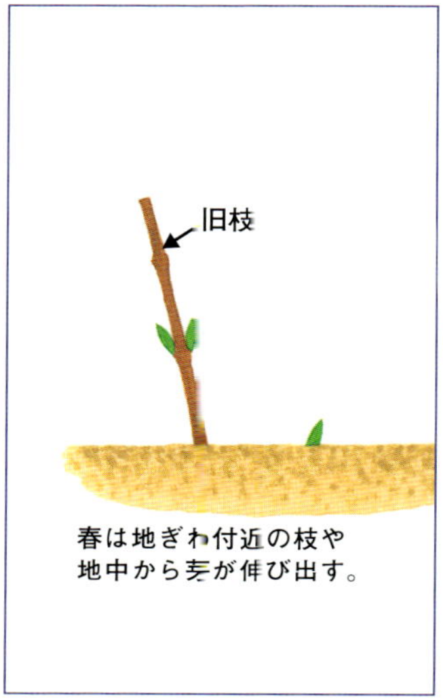
旧枝
春は地ぎわ付近の枝や
地中から芽が伸び出す。

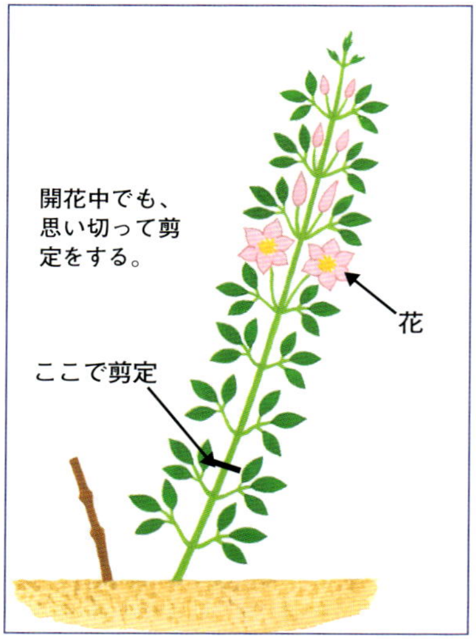
開花中でも、
思い切って剪
定をする。
花
ここで剪定

一番花と同様に、二番
花も早めの剪定をして
株の負担を軽くし、三
番花を咲かせる。
ここで剪定

‘マダム・ジュリア・コレボン’の剪定

剪定前
開花期が長いので、全体の７～８割が咲いたら、剪定の準備をする。

剪定後
全体がかなり寂しくなってしまうが、思い切って２～３節を残して切り詰める。

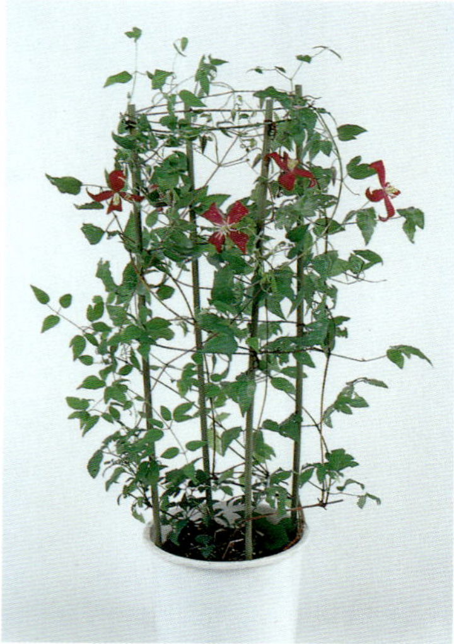

約１カ月半後の状態
二番枝が伸び出し、１カ月ほどたつと、また二番花が咲き始める。

新旧両枝咲き系の剪定（任意剪定）

このタイプは、旧枝咲きと新枝咲きの中間タイプの性質を持ち、どこで剪定しても再び花を咲かせることができます。一つの株の中で、枝ごとに強・中・弱の花後剪定をすることで、長期間花を楽しむことができます。

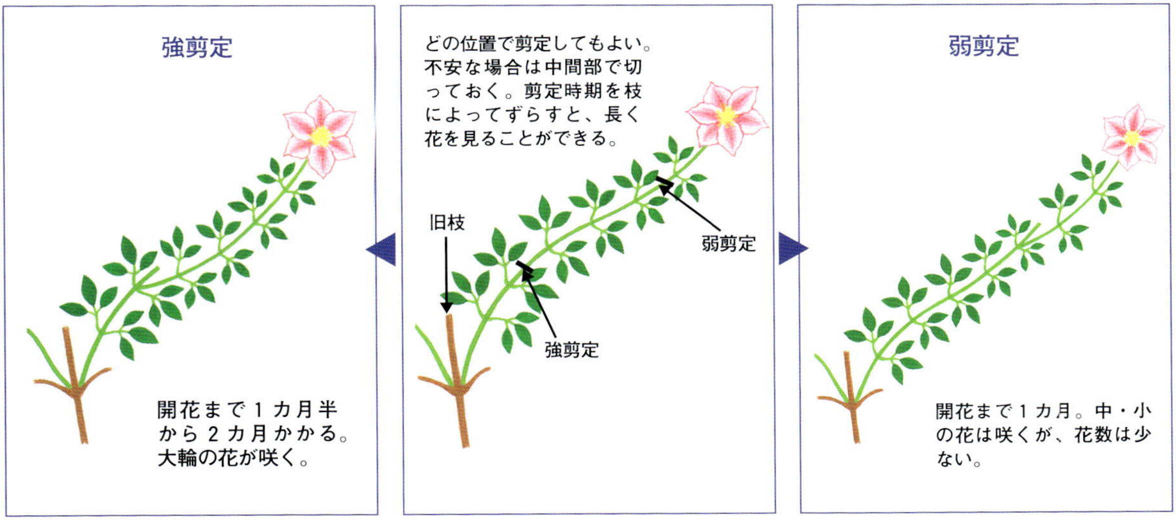
強剪定
開花まで１カ月半から２カ月かかる。大輪の花が咲く。
どの位置で剪定してもよい。不安な場合は中間部で切っておく。剪定時期を枝によってずらすと、長く花を見ることができる。
旧枝
弱剪定
強剪定
弱剪定
開花まで１カ月。中・小の花は咲くが、花数は少ない。

‘フェアリー・ブルー’の剪定

剪定前
花後の株の状態。

剪定後
しっかりした枝で、葉のある部位ならば、どこで剪定してもよい
（弱・強の中間タイプの剪定）。

クレマチスの栽培カレンダー

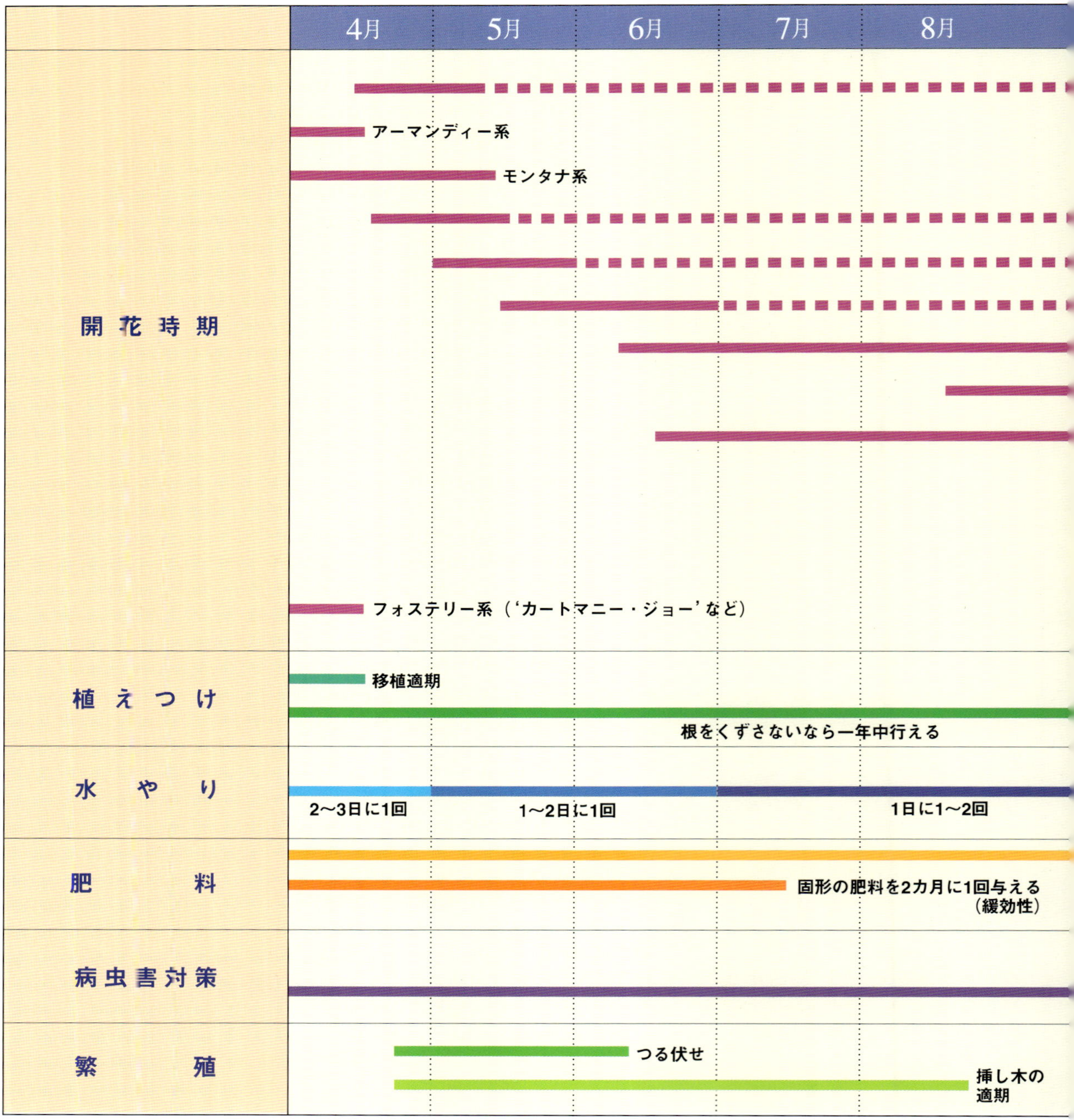
4月
5月
6月
7月
8月
開花時期
アーマンディー系
モンタナ系
フォステリー系（‘カートマニー・ジョー’など）
植えつけ
移植適期
根をくずさないなら一年中行える
水やり
2〜3日に1回
1〜2日に1回
1日に1〜2回
肥料
固形の肥料を2カ月に1回与える（緩効性）
病虫害対策
繁殖
つる伏せ
挿し木の適期

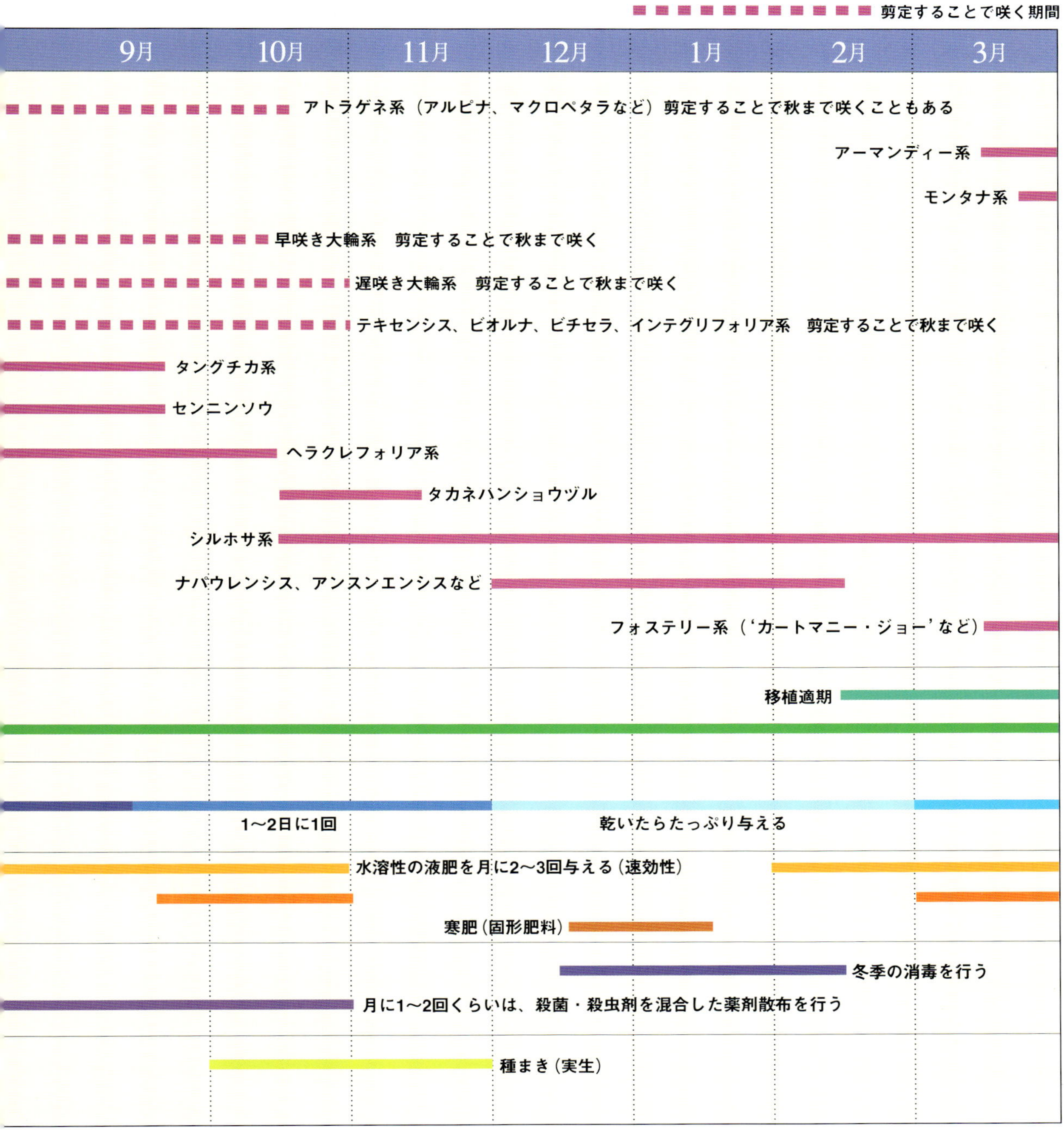
剪定することで咲く期間
9月
10月
11月
12月
1月
2月
3月
アトラゲネ系（アルピナ、マクロペタラなど）剪定することで秋まで咲くこともある
アーマンディー系
モンタナ系
早咲き大輪系　剪定することで秋まで咲く
遅咲き大輪系　剪定することで秋まで咲く
テキセンシス、ビオルナ、ビチセラ、インテグリフォリア系　剪定することで秋まで咲く
タングチカ系
センニンソウ
ヘラクレフォリア系
タカネハンショウヅル
シルホサ系
ナパウレンシス、アンスンエンシスなど
フォステリー系（‘カートマニー・ジョー’など）
移植適期
1～2日に1回
乾いたらたっぷり与える
水溶性の液肥を月に2～3回与える（速効性）
寒肥（固形肥料）
冬季の消毒を行う
月に1～2回くらいは、殺菌・殺虫剤を混合した薬剤散布を行う
種まき（実生）

クレマチスの 四季の管理と日常の管理

クレマチスの管理はむずかしくありません。まず、年間を通じてのポイントを押さえておきましょう。

1 日当たりの よいところが好き

日光が大好きな植物です。直射日光が当たる場所が理想ですが、半日くらい日がさすような場所でもよく生育します。明るい空間を広くとってやることが大切です。

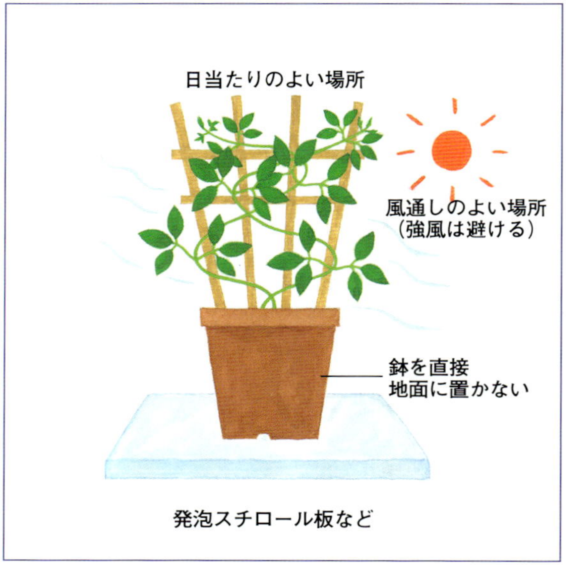
日当たりのよい場所
風通しのよい場所
（強風は避ける）
鉢を直接
地面に置かない
発泡スチロール板など

2 風通しが適度に ある場所に置く

通気性が悪いと、蒸れなどで病気が発生しやすくなります。だからといって風の通り道でも、あまり強風に当たったのでは、葉や枝が傷むので注意してください。

3 鉢は直接、 地面に置かない

鉢底が地面にふれると、ネコブセンチュウに侵される心配があります。やむをえず地面に置く場合は、下に板や発泡スチロールなどを敷いておきます。こうすると、鉢底から根が伸びてきても、地中に入り込むのを防いでくれます。

4 水は土の表面が乾いたら、 たっぷり与える

クレマチスは水が大好きです。土の表面が白っぽく乾いてきたころに、たっぷりと水を与えます。し

かし、鉢皿などに水をためて「腰水」につけておくと、根腐れの原因になりますので避けてください。少量ずつ頻繁に与えて土が湿ったままにしておくよりも、一度の水やりの量を多くして回数を減らすことが大切です。

5 肥料は定期的に与える

多肥を好みますが、一度に多く与えるよりも定期的に施すようにしましょう。水溶性肥料（速効性）と固形肥料（緩効性）とをうまく組み合わせて、肥料切れをさせないようにします。肥料切れになると、花つきやつるの生長が悪くなります。また、新芽が動き出す前の「芽出し肥」と花後の「お礼肥」は、必ず施したいものです。

鉢の置き場所は少し壁から離すと照り返しや蒸れを予防できる。台などの上に置くとよい。市販のポットフィートを利用する方法もある。（‘マクロペタラ・ウェッセルトン’）

地植えの場合は、日が当たり、風通しがよいだけでなく、特に上部に十分な空間があるように配慮する。株元に根張りの少ない一年草を植えるとよい。（‘ピーコ’）

春の管理（3〜5月）

枯れたように見える枝から、太い新芽が伸び始めて開花に至るまでの、最もドラマチックな季節です。苗木は、この時期に多く出回りますので、品種名のラベルがあり、株のしっかり育った苗を選びましょう。開花鉢を購入する場合は、葉色が濃く、葉が垂れていない、がっちりと節間の詰まった感じの株を選ぶようにします。ゴールデンウイークのころ、各地で開かれる展示会に足を運んでみてはいかがでしょうか。

置き場所

春は突然の強風が１〜２回は発生します。伸長中に枝や大きくなり始めたつぼみが被害を受け、葉がぼろぼろになったり、枝が折れることもあります。鉢植えは、風の通り道にならない場所に避難させましょう。

水やり

生育が盛んな時期なので、表面の土が乾いたらたっぷり与え、極端に水切れしないように注意します。特に開花直前は多く水を欲しがります。水が足りないと生育が止まってしまったり、特に八重咲き種では開花が止まるか、花が小さくなることがあります。

肥料

春先に新芽が動く前には「芽出し肥」（固形肥料）、開花後の剪定をすませたらその都度「お礼肥」（固形肥料）を与えます。この時期は生育が盛んです。月に１〜２回は水やりがわりに薄めた液肥を与えます。

病虫害対策

新芽やつぼみは、アブラムシやヨトウムシなどの被害を受けがちです。よく観察し、早めの予防と対策が大切です。株元にオルトラン粒剤などの浸透移行性殺虫剤をばらまいておくと、早期の害虫対策に効果的です。

剪定と誘引

グングンと枝が伸びます。何本か枝がある場合は互いに絡みやすく、硬くなってからでは折れやすいので、早めに誘引しましょう。枝配りをするときは、開花時に花がどこにくるか、バランスを考慮します。

夏の管理（6～8月）

遅咲きのグループが満開を迎え始めたころ、梅雨の時期に入ります。これからの高温と多湿で夏ばてさせないよう、丈夫に育てたいものです。挿し木は４月の下旬から８月上旬までが適期ですが、この時季が最も安定して発根します。花後の剪定枝などを利用しましょう。特に新枝咲きの品種は早めに挿し木をし、晩秋までに冬芽を形成させないと翌春に芽が出ないこともあるので、7月中旬までにはしておきましょう。

置き場所

クレマチスは寒さより暑さが苦手な植物です。ベランダなどでは、夏の照り返しが強く、葉焼けを起こしがちです。よしずや寒冷紗《かんれいしゃ》で日よけをしましょう。庭植えの場合は、株元に根の浅く広がる一年草などを植え、地温の上昇を抑えましょう。

水やり

生育の盛んな時期で、朝夕の涼しい時間に、下から流れるまでたっぷりと与えます。日中に少量の水やりをすると、土中の水が高温となって根が弱ってしまいます。夕方、地温が下がるようにたっぷり与え、朝はなるべく早い時間に水やりをしましょう。

肥料

夏に強いグループ（新枝咲き系、新旧両枝咲き系）は、暑さの中でも咲き続けるので、株が夏ばてしないように、薄めにした水溶性肥料を定期的に与えます。固形の有機肥料はこの時期、カビが生えたりするので注意します。

病虫害対策

梅雨で日照が少なく、雨の多いこの時期は、うどんこ病や葉枯れ病が発生しがちです。また、青虫や毛虫類が多発して葉を食害する時期でもあります。発生してからあわてるのではなく、予防と早期発見を心がけましょう。

剪定と誘引

クレマチスは、春ほどではありませんが、秋にも開花する品種が多くあります。新枝咲きと新旧両枝咲きの品種は８月中旬～下旬に中剪定を行うと、秋に花が期待できます。ただし旧枝咲きの品種は、今伸びている枝に翌年の花芽ができるので、剪定してはいけません。暑さで生育が鈍って先端の芽が止まっていたり（105ページ参照）、葉がチリチリと縮まっている場合は、軽い剪定をして芽を動かしましょう。

秋の管理（9～11月）

夏が終わり、過ごしやすい日が続くと、クレマチスも秋の開花時期を迎えます。また初夏に挿し木をした苗は、鉢上げの適期です。早めに鉢上げをし、寒くなる前に施肥をして、丈夫な苗木に仕立てたいものです。種まきもこの時期が適期です。開花までに３～５年はかかりますが、原種をふやしたり、オリジナルの品種を作出するためには、大事な繁殖方法です。

置き場所

台風のシーズンです。鉢の場合は倒れると枝が折れたり転倒して土がこぼれたりします。風の通り道にならないところに移動するか、逆にあらかじめ鉢を倒しておいて台風をやり過ごすと被害が少なくてすみます。海岸近くの場合は、台風通過後、すぐに枝や葉を水洗いすると塩害を軽減できます。

水やり

表面の土が乾いたら、たっぷり与えます。秋の長雨の時期を除き、乾きやすくなっているので、しっかり灌水《かんすい》するように注意しましょう。夏ほど頻繁には与えませんが、水切れには注意します。

肥料

春ほどではありませんが、生長して開花もする季節です。肥料切れを起こさないように、月１～２回は水溶性の肥料を、水やりがわりに与えます。２カ月に１回は固形の置き肥も与えましょう。

病虫害対策

秋の長雨で湿度が上がり、病気が発生しやすくなります。毛虫類やアブラムシも越冬準備のために盛んに活動します。薬剤散布を行い、晩秋まで青々とした葉を保てるようにしましょう。

剪定と誘引

晩秋には剪定はしません。冬季の休眠に向かい、葉はしだいに枯れてみすぼらしくなりますが、12月中旬までは休眠していないので、切ると先端の芽が動き出してしまうことがあります。枯れ葉を葉柄からとり除くのは心配ありません。

冬の管理（12～2月）

春から秋までに開花する品種は、休眠期を迎えていますが、枯れたような枝にも、よく見ると節々に芽が用意されています。休眠期でも静かに生育していますので、水を切らさないようにします。冬咲きの品種は最盛期を迎え、花後の果球もきれいです。小苗など、根張りが十分でない株は、霜柱などで根が持ち上げられないように、マルチングを行います。寒冷地では成株にも必要でしょう。春から育てた幼苗の定植をしておきます。

置き場所

寒さには強い植物ですので、寒冷地を除き、加温する必要はありませんが、一部の原種など、比較的寒さに弱いものもあります。直接風雨にさらされない軒下などで管理しましょう。幼苗も、軒下などのほうが無難です。

水やり

夕方に水やりをすると翌朝大きな霜柱ができて、根が持ち上がったり、土がくずれて根が露出しやすくなります。冬季の水やりは、できるだけ午前中にしましょう。表土が乾いて2～3日後に、たっぷりと与えます。

肥料

冬季休眠中のクレマチスには、春の新芽の活動を促進するために寒肥（固形肥料など）を与えます。開花中の冬咲き種は生育期間中のため、月に１～２回薄めた液肥を与えましょう。２カ月に１回は固形肥料も与えます。

病虫害対策

休眠期間中の品種には、冬季の消毒をしておきます。春先の病虫害の予防になりますので、枝だけでなく、周囲の地面にも散布しておきましょう。土中の病原菌にも効果があります。

剪定と誘引

早春の新芽が大きくなっているこの時期に、系統ごとの剪定を行い、枝配りを整えて誘引しておきます。系統ごとに、新芽が伸びて花がつくまで節数を考慮して、支柱などの低い位置に花芽を配置します。支柱の先端部に芽を固定してしまうと、その先に枝が伸びるため、支柱を継ぎ足さなくてはならないので注意しましょう。

クレマチスのふやし方

クレマチスの繁殖方法としては、挿し木が一般的です。ほかに実生、接ぎ木、つる伏せ、取り木などの方法もあります。本書では挿し木と種まき、つる伏せについて解説します。

クレマチスの挿し木

今年伸びた枝を挿し穂として利用します。挿し木の適期は４月下旬から８月上旬までです。比較的簡単ですから、試してみてください。

準備するもの

1.育苗用のビニールポット（挿し穂の数で大きさを決める）、2.鉢受け皿、3.水揚げをした挿し穂、4.鉢底に敷く防虫網、5.鹿沼土、6.赤玉土、7.パーライト

1

２節をつけ、節の下１cmほどで切る。下の葉は葉柄の途中で切りとる。

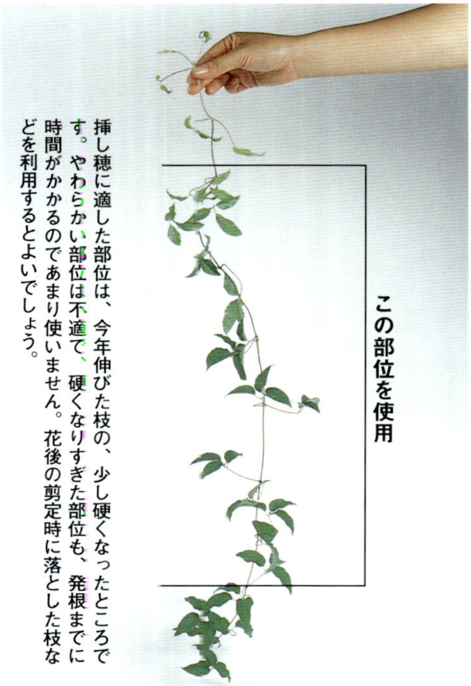

挿し穂に適した部位は、今年伸びた枝の、少し硬くなったところです。やわらかい部位は不適で、硬くなりすぎた部位も、発根までに時間がかかるのであまり使いません。花後の剪定時に落とした枝などを利用するとよいでしょう。

2

切り口はカミソリの刃など鋭利な刃物で、節がつぶれないようにきれいに切り直しておく。

3 挿し穂の調整がすんだら、コップの水につけ、半日ほど水揚げをしてから挿し木を行う。

4

ポットの底に防虫網を敷き、鹿沼土2～3層を敷いてから、用土（パーライト）を八分目まで入れる。

5

挿し床を水を張った洗面器などに入れ、パーライトがフワッと浮かぶ程度の水位にする。

6

パーライトが浮かぶような状態の挿し床に挿すと、切り口が傷まない。挿す深さは2～3cm程度に。

7

挿し終わったら、ポットを水の中から引き上げる。水が抜けると同時に、用土が締まって挿し穂が落ち着く。

8

用土（パーライト）の上に、赤玉土を1cmほど入れる。

9

赤玉土を入れたら、挿し床をしっかり押さえ、穂し穂がぐらつくのを防止する。

10

鉢受け皿に水をためて管理。1～2日、半日陰に置き、その後はよく日の当たる軒下など、雨の当たらない場所で管理する。ときどき霧吹きすると、しおれを防ぐのに効果的。2週間ほどしたら、鉢受け皿の水位を低くする。3週目くらいから発根が始まるので、水がわりに2000倍液肥を施す。

クレマチスの挿し木

11　2カ月ほどたつと、鉢底から根が伸び出し、発根を確かめることができる。このころが鉢上げの適期。

12　発根状態。鉢上げを行うために、ビニールポットから抜きとったところ。植えつけは100ページに準じる。少し小さめの鉢のほうが、根の張りぐあいがよくなる。

13　十分に水を与え、ラベルを立てて植えつけ作業終了。その後の管理も、小苗の植えつけに準じる。

クレマチスの切り花

庭で咲いたクレマチスは、切り花にして楽しみましょう。水揚げ方法は、水切り、湯揚げなどがよいでしょう。

クレマチスのつる伏せ

つる伏せは、一度に数株しか苗を作れませんが、翌年開花するほどの充実した株を繁殖させることができます。各系統の生育期が適期で、主に4月下旬から6月までです。

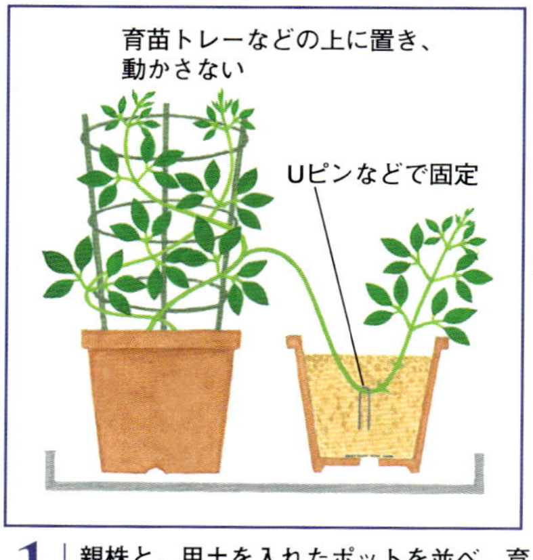
育苗トレーなどの上に置き、
動かさない
Uピンなどで固定

1　親株と、用土を入れたポットを並べ、育苗トレーなどにセットする。親株から今年伸びた生育状態のよいつるを選び、先端に葉を2組以上出して2節以上土に埋める。埋める部分は葉を土から出す。Uピンなどで動かないように固定しておく。

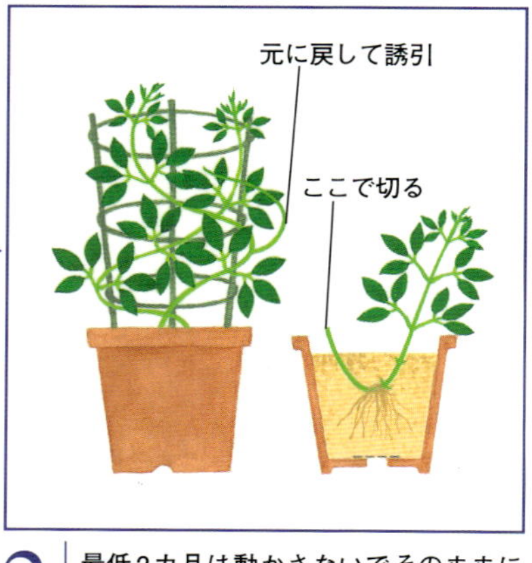
元に戻して誘引
ここで切る

2　最低2カ月は動かさないでそのままにしておく。移動する場合は育苗トレーごと。6カ月～1年経過して発根し、新芽を展開するようになったら、小苗の地ぎわで切り離す。親株のつるは、元通り誘引する。

クレマチスの種まき

原種の苗をふやすときや、育種を目的とする場合は、種をまいて苗を作ることもできます。多くの場合、発芽まで1～2年、開花までに3～4年とやや時間がかかります。

花後の果球

花が終わると、雌しべの花柱が伸長して羽毛状の毛が生える。果実が球状に集まったこの状態は、果球などと呼ばれる。写真は花後、約2カ月の状態。

採取した果実

花後3～4カ月たつと完熟し、果実（痩果《そうか》）が茶色に変わるので、このころ採取をする。写真は果球をくずしたところ。

1

鉢底にゴロ土を入れ、種まき用土（植えつけの用土に水苔の粉を2割ほどまぜたもの）を入れて、その上に種をまく。

2

種はばらまきでよく、密にまきすぎないようにする。まき終わったら、その上に約1cm厚ほどに、種まき用土をかぶせる。

3

種まき終了。発芽までは、用土の表面が乾いたら、十分に水を与える。冬季は霜柱などに注意して軒下などで管理する。暖房は不要。

4

発芽の様子。品種にもよるが種は地中に残り、地上部に1本芽が出て葉を展開する。発芽までの日数は種類により異なるが、通常は1年ほど。

5

発芽後1年以上たち、十分生育したら、1本ずつ掘り上げ、ていねいに根をほぐして、3号ポット（径9cm）などに鉢上げをする。

6

根がポット内に回りきったら、一回り大きな鉢に植え替える。写真は5の1年後の状態。もう1年育てると、待ちに待った開花となる。

クレマチスの病虫害

クレマチスは丈夫な植物ですが、病虫害が発生しにくい栽培環境に整えることが大切です。

日当たりと適度な風通しのある場所で育てる。
未熟な堆肥や腐葉土、生木などのまざっていない用土を使用する。
こまめに観察し、花がらや病気、害虫などをチェックする。

よく手入れをしていても、被害にあわないとは限りません。早期発見が最も重要で、特に病気は発生に備えて予防に努めるのがいちばんです。できれば月に１～２回、薬剤散布を行います。使用する薬品は症状によって異なりますが、病気に対してはトップジンM水和剤、トリフミン水和剤などの殺菌剤が一般的で、害虫にはスミチオン乳剤、オルトラン水和剤、バロックフロアブルなどの殺虫剤を、用途に応じて散布します。なお、殺菌剤と殺虫剤を混合して散布するのが省力的ですが、薬剤によっては混合できない組み合わせもあります。使用説明書をよく読んでから用いてください。また、散布の際は、近隣に十分配慮し、メガネやマスクの着用など、使用上の注意に従って準備をすることも大切です。

立ち枯れ病

アブラムシ

病気

・うどんこ病

5～7月に発生しやすく、葉や茎の表面を、白っぽい粉状のカビがおおい、株を弱らせます。日当たりや風通しが悪いとかかりやすいので注意しましょう。

・葉枯れ病

葉の一部が茶褐色に変色し、しだいに葉が枯れていきます。放置しておくと全体に広がり、枯れることもあるので、枯れた葉をとり除き、株全体に殺菌剤を散布します。

・白絹病《しらきぬびょう》

根と茎の基部が侵される病気で、地中や株元の表面に白いカビ状の菌糸が発生します。未熟な堆肥や腐葉土、支柱に生木を使った場合などに発生するので注意が必要です。初期に殺菌剤を散布します。

・立ち枯れ病

グングンと成育中の新枝や、あと数日で咲くという大きなつぼみが、急にぐったりしおれてしまうのが症状です。株の一部に発症することも、全体に出てしまうこともあります。不思議なことに伝染性は少なく、それも地上部だけに発生するので、患部をとり除き殺菌消毒剤を散布します。予防のためには、地中に1節は埋まるよう、深植えにしておきましょう。

害虫

・アブラムシ

新芽を中心に、つぼみなどに発生して樹液を吸います。殺虫剤に弱いので駆除はむずかしくありません。

・ナメクジ

夜間に出没して、やわらかい花弁やつぼみ、新芽を食害します。近くに白い筋が残っていたら、ナメクジのはったあとです。

・ヨトウムシ

ヨトウガの幼虫で、夜間に新芽やつぼみなどを食害します。株中の新芽を食い尽くされることもあるので、できるだけ捕殺します。

・ネマトーダ

土壌センチュウの一種で、根に寄生して養分を吸収し、虫こぶを作ります。これが寄生すると、株の勢いは衰えてきます。

・シャクトリムシ

生長初期の新芽やつぼみなどを食害します。できるだけ捕殺するようにします。

ナメクジ

うどんこ病

クレマチスの入手先

園芸店やガーデンセンターなどでも、早春から多くの品種や開花鉢が購入できますが、園芸書や雑誌で紹介される品種などをこだわりを持って探したい場合は、大手種苗会社やクレマチス専門ナーサリーの通信販売で入手しましょう。種苗会社の場合は、春と秋に発行しているカタログをとり寄せ、専門ナーサリーは、注文期間に注意をしてカタログをとり寄せてから、営業規定をよく読み、品切れになる前に早めに注文します。

*2005年2月現在。記載事項は変更になる場合があります。

サカタのタネ

〒224-0041　横浜市都筑区仲町台2-7-1　電話 045-945-8824　FAX 045-945-8810
カタログ請求は、300円切手を同封して申し込む。
E-mailは、tuhan@sakata-seed.co.jp（通信販売部専用）
ホームページは、http://www.sakataseed.co.jp/

タキイ種苗

〒600-8686　京都市下京区梅小路通猪熊東入南夷町180
電話 075-365-0123（大代表）　FAX 075-344-6705（直売部）
カタログ請求は、300円切手を同封して申し込む。
E-mailは、info@takii.co.jp
ホームページは、http://www.takii.co.jp/

改良園

〒333-8601　埼玉県川口市神戸123
電話 048-296-1174（代）
FAX 048-295-8801
カタログ請求は、300円切手を同封して申し込む。
ホームページは、http://www.kairyoen.co.jp/

日本花卉

〒333-3611　埼玉県川口市石神184
電話 048-296-2321　FAX 048-295-9820
カタログ請求は、300円切手を同封して申し込む。
E-mailは、nihonkaki@mpd.biglobe.ne.jp
ホームページは、http://www.rakuten.co.jp/nihonkaki/

大和農園

〒632-0077　奈良県天理市平等坊110
電話 0743-62-1185または0743-62-1186　FAX 0743-62- 4175（ともに通信販売部直通）
カタログ請求は、無料。ただし必ずファックスかはがきで申し込む。
E-mailは、 yamatoth@fancy.ocn.ne.jp（通信販売部専用）
ホームページは、http://www.yamatonoen.co.jp/

春日井園芸センター

〒509-5312　岐阜県土岐市鶴里町柿野1709-120
電話 0572-52-2238（FAXとも）
カタログ請求は、500円分の郵便小為替を同封して申し込む。
ホームページは、http://www.clematis.tv

湘南クレマチス園

〒251-0043　神奈川県藤沢市辻堂元町3-7-24
電話 0466-36-4635
通信販売のみ受け付け。140円切手を同封のうえ、6月1日～8月15日に価格表を申し込む。

おぎはら植物園

〒389-0111　長野県北佐久郡軽井沢町長倉5731
電話 0268-36-4074　FAX 0267-46-6008
ホームページは、http://www.ogis.co.jp/

及川フラグリーン

〒028-0134　岩手県和賀郡東和町砂子1-403
電話 0198-44-3024
ホームページによる通販のみ受け付け。
E-mailは、info@ofg-web.com
ホームページは、http://www.ofg-web.com/

クレマチスの丘 ホワイトガーデン

〒411-0931　静岡県駿東郡長泉町クレマチスの丘（スルガ平）347-1
電話 055-989-8787　FAX 055-989-8790
ホームページは、http://www.clematisgarden.jp/

クレマチスの愛好団体

クレマチスの愛好団体は全国にあります。入会案内は、お名前、ご住所、郵便番号、電話番号を書き添え、返信用切手を同封してご請求ください。原則として、電話での対応は行っていません。

日本クレマチス協会（会長　竹内　博）
事務局　〒351-0101　埼玉県和光市白子3-30-35
（渋谷方）

現在、国内には日本クレマチス協会とその支部のほか、各地でクレマチスやカザグルマの会が活動しています。

人気のクレマチス カタログ索引

［監修者］
金子明人（かねこ　あきひと）
1962年、千葉県船橋市生まれ。幼少のころより園芸に親しみ、「実際園芸」をポリシーとして日本の風土に合ったガーデニングを提唱。クレマチスを故猪野泰三、故小澤一薫両氏に師事し、栽培、研究のノウハウを学ぶ。現在クレマチス栽培の第一人者として、テレビ、雑誌、園芸講座の講師として幅広く活躍中。
国際クレマチス協会会員、日本クレマチス協会理事。執筆に『趣味の園芸』（ＮＨＫ出版）、『園芸新知識』（タキイ種苗）、『ガーデニング大好き！クレマチス』（講談社）などがある。

監修・執筆　金子明人
編集・制作　澤泉ブレインズオフィス（澤泉美智子）
表紙・本文デザイン　鳥居 満
撮影・写真協力　金子明人、小須田 進、 関澤正憲、牧 稔人、今井秀治、清水美智子、中川 正、及川フラグリーン（及川辰幸）、三池田 修
イラスト　水沼マキコ
取材協力　落合小一郎、竹間幹好（竹間園芸）、草間祐輔、相模原市立相模原麻溝公園、クレマチスの丘 ホワイトガーデン
編集デスク　田淵増雄（主婦の友社）

人気のクレマチス

編　者／主婦の友社
発行者／村松邦彦
発行所／株式会社主婦の友社
〒101-8911　東京都千代田区神田駿河台2-9
TEL03-5280-7537（編集）
TEL03-5280-7551（販売）
印刷所／図書印刷株式会社

ISBN4-07-244239-9

お-040101